Introduction

a profonde mise à jour de l'instruction M14, applicable en 2006, a entraîné de nombreuses modifications de a nomenclature M14 avec, en particulier, la création de chapitres spécifiques dédiés aux opérations d'ordre. uite au succès de la première édition de ce guide, Berger-Levrault édite une nouvelle version à jour au er janvier 2011.

;e document présente l'instruction M14 de façon claire et structurée. Un code couleur permet de repérer acilement les différentes catégories de comptes. Les chapitres utilisables pour chaque compte sont clairement identifiés.

e format pratique et la signalisation claire de ce guide en font un précieux outil pour vous aider dans votre avail au quotidien.

Ce plan de comptes est conforme à l'arrêté du 16 décembre 2010 relatif à l'instruction budgétaire et comptable M14 applicable aux communes et aux établissements publics communaux et intercommunaux à caractère administratif, NOR : COTB1030455A (*JO* du 23/12/2010).

'ous trouverez à la fin du document la liste des fonctions utilisables tant pour les communes que pour les ;CAS votant leur budget par nature avec présentation fonctionnelle.

Sommaire

SBN : 978-2-7013-1759-5

mprimé par Corlet, Imprimeur, S.A.

Signalétique utilisée

Ce plan de comptes est conçu pour les communes utilisant le plan comptable développé destiné aux collectivités de plus de 500 habitants. Les collectivités de moins de 500 habitants utilisant le plan de comptes abrégé doivent uniquement se référer aux articles repérés par une croix dans la colonne Moins de 500 h.

Signification des différentes couleurs utilisées

	23 IMMOBILISATIONS EN COURS								
	231	Immobilisations corporelles en cours	x	23	040	041	23	040	041
	2312	Terrains		23	040	041	23	040	041
	2313	Constructions		23	040	041	23	040	041
	232	Immobilisations incorporelles en cours	x	23	040	041	23	040	041
N	235	Part investissement P.P.P.	x	23	040	041	23	040	041
	24 IMMOBILISATIONS AFFECTÉES, CONCÉDÉES, AFFERMÉES OU MISES À DISPOSITION								
	241	Immobilisations mises en concession ou en affermage							

Texte noir — Comptes de regroupement sur lesquels l'ordonnateur ne doit passer aucune écriture

Texte bleu — Comptes de plus bas niveau sur lesquels l'ordonnateur doit passer des écritures comptables (mandats, titres, budgets)

Texte rouge — Comptes exclusivement réservés au comptable public (Trésorier) pour la partie double

Fond blanc — Comptes apparaissant dans les pages détail du budget

Fond bleu clair — Compte de regroupement ou réservés au trésorier

Fond bleu foncé — Compte de regroupement constituant un chapitre ou une ligne budgétaire

N — Nouveau compte en 2011
N- — Nouveau compte en 2011 pour les collectivités de moins de 500 habitants
M — Compte modifié en 2011
M- — Compte modifié en 2011 pour les collectivités de moins de 500 habitants

EAU/ASS — Normalement ces comptes sont réservés aux communes de moins de 500 habitants et ne devraient figurer que dans le plan de comptes abrégé. Mais, étant donné que les communes de moins de 500 habitants ont aussi la possibilité d'opter pour la comptabilité de la catégorie démographiquement supérieure, nous avons traité ces comptes avec la signalétique du plan développé.

Colonnes

- 500 h	Dépenses			Recettes		
	R/M	OES	OIS	R/M	OES	OIS
x	16	040	041	16	040	041

- 500 h — Comptes utilisables par les collectivités de moins de 500 habitants
R/M — Cette colonne indique le chapitre pour les écritures réelles ou mixtes (semi-budgétaires)
OES — Cette colonne indique le chapitre pour les écritures d'ordre entre sections
OIS — Cette colonne indique le chapitre pour les écritures d'ordre à l'intérieur de la section

Investissement

Dépenses

- Remboursement dette
  D16
- Équipement brut
  D20, D204, D21, D22, D23
- Autres dépenses d'investissement
- Solde d'investissement reporté
  D001
- Ordre à l'intérieur de la section
  D041
- Ordre entre sections
  D040

Recettes

- Dotations, subventions
  R10, R13
- Emprunts
  R16
- Autres recettes d'investissement
- Solde d'investissement reporté
  R001
- Ordre à l'intérieur de la section
  R041
- Ordre entre sections
  R040
- Virement entre sections
  R021

Fonctionnement

Dépenses

- Virement entre sections
  D023
- Ordre entre sections
  D042
- Ordre à l'intérieur de la section
  D043
- Résultat de fonctionnement reporté
  D002
- Autres dépenses de fonctionnement
- Intérêts de la dette
  D66
- Autres charges de gestion courante
  D65
- Charges de personnel
  D012
- Charges à caractère général
  D011

Recettes

- Ordre entre sections
  R042
- Ordre à l'intérieur de la section
  R043
- Résultat de fonctionnement reporté
  R002
- Autres recettes de fonctionnement
- Dotations, participations
  R74
- Impôts et taxes
  R73
- Produits du domaine et ventes
  R70

Lignes et chapitres budgétaires des budgets votés par nature

	Lignes et chapitres d'investissement	G	Dépenses	Recettes
001	Solde d'exécution de la section d'investissement reporté (2)		X	X
010	Stocks (regroupement des comptes 31, 33, 34, 35) (1)	G	X	X
020	Dépenses imprévues (2)		X	
021	Virement de la section de fonctionnement (2) (opération d'ordre)			X
024	Produits des cessions d'immobilisations (2)			X
040	Opérations d'ordre de transfert entre sections (3)	G	X	X
041	Opérations patrimoniales (opération d'ordre à l'intérieur de la section d'investissement) (4) (5)	G	X	X
10	Dotations, fonds divers et réserves		X	X
13	Subventions d'investissement		X	X
16	Emprunts et dettes assimilées		X	X
18	Compte de liaison : affectation à ... (budgets annexes – régies non personnalisées)		X	X
20	Immobilisations incorporelles (sauf 204)		X	X
204	Subventions d'équipement versées		X	X
21	Immobilisations corporelles		X	X
22	Immobilisations reçues en affectation		X	X
23	Immobilisations en cours		X	X
26	Participations et créances rattachées à des participations		X	X
27	Autres immobilisations financières		X	X
4541	Travaux effectués d'office pour le compte de tiers (6)		X	
4542	Travaux effectués d'office pour le compte de tiers (6)			X
45611	Opérations d'investissement sur établissements d'enseignement remis à la région (6)		X	
45612	Opérations d'investissement sur établissements d'enseignement remis à la région (6)			X
45621	Opérations d'investissement sur établissements d'enseignement remis au département (6)		X	
45622	Opérations d'investissement sur établissements d'enseignement remis au département (6)			X
4571	Opérations d'investissement sur voirie communale (effectuées par des groupements) (6)		X	
4572	Opérations d'investissement sur voirie communale (effectuées par des groupements) (6)			X
4581	Opérations sous mandat (6)		X	
4582	Opérations sous mandat (6)			X

G : chapitre globalisé.

Remarque : le sens indiqué est le sens habituel. En investissement, tous les comptes, dans le cadre d'annulation, peuvent être utilisés tant en dépenses qu'en recettes.

(1) Le chapitre 010 est utilisé uniquement dans le cadre de l'inventaire permanent simplifié pour les opérations d'aménagement (lotissements ou ZAC). Dans tous les autres les opérations de stock étant des opérations d'ordre, elles sont regroupées au sein des chapitres globalisés d'ordre.

(2) Les lignes budgétaires ne donnent pas lieu à émission de titre ou de mandat.

(3) Regroupement des comptes 102291, 102292, 10259, 139, 192, 28, 481 et si provisions budgétaires 15, 29, 39 (sauf 392), 49, 59 + autres écritures d'ordre entre sections

(4) Les chapitres commençant par 04 sont dédiés aux écritures d'ordre équilibrées (en sont exclues les écritures semi-budgétaires qui sont comptabilisées sur les chapitres ré

(5) Les principaux comptes sont 20441 et 20442.

(6) Chacun de ces n° d'article doit être complété par le n° d'opération réalisée sous mandat (chaque association d'un n° d'article et d'un n° de convention de mandat constitue référence de chapitre budgétaire, exemple : 4541001).

Lignes et chapitres budgétaires des budgets votés par nature

Lignes et chapitres de fonctionnement		G	Dépenses	Recettes
002	Résultat de fonctionnement reporté [1]		X	X
011	Charges à caractère général (regroupement des comptes 60 (sauf 603 et 609), 61, 62 (sauf 621 et 629), 635, 637	G	X	
012	Charges de personnel et frais assimilés (regroupement des comptes 621, 631, 633 et 64)	G	X	
013	Atténuations de charges (regroupement des comptes 6032, 6037, 609, 619, 629, 6419, 6459, 6479, 6489	G		X
014	Atténuations de produits (regroupement des comptes 70389, 70619, 739, 7419, 748719, 748729)	G	X	
022	Dépenses imprévues [1]		X	
023	Virement à la section d'investissement [1]		X	
042	Opérations d'ordre de transfert entre sections [2] [3]	G	X	X
043	Opérations d'ordre à l'intérieur de la section de fonctionnement [3] [4]	G	X	X
65	Autres charges de gestion courante		X	
656	Frais de fonctionnement des groupes d'élus (réservé aux communes de plus de 100 000 habitants)		X	
66	Charges financières		X	
67	Charges exceptionnelles		X	
68	Dotations aux provisions semi-budgétaires		X	
70	Produits des services, du domaine et ventes diverses			X
73	Impôts et taxes			X
74	Dotations et participations			X
75	Autres produits de gestion courante			X
76	Produits financiers			X
77	Produits exceptionnels			X
78	Reprise sur provisions semi-budgétaires			X

G : chapitre globalisé.

Remarque : cette nomenclature des chapitres est valable quelle que soit la taille de la collectivité.

es lignes budgétaires ne donnent pas lieu à émission de titre ou de mandat.

egroupement des comptes :

- en dépenses : 675, 676, 6811, 6812, 6861, 6862, 6871 + autres opérations entre sections.
- en recettes : 721, 722, 776, 777, 7785, 7811, 7785 + autres opérations entre sections.

es amortissements et provisions budgétaires sont au chapitre 042.

es chapitres commençant par 04 sont dédiés aux écritures d'ordre équilibrées (en sont exclues les écritures semi-budgétaires qui sont comptabilisées sur les chapitres réels).

egroupement des comptes 79 et écritures d'ordre liées aux opérations pour compte de tiers 6015 ; 6045 ; 605 ; 608 et écritures d'ordre liées au stocks 603 ; 713.

COMPTES DE BILAN

Classe 1 – Comptes de capitaux

Comptes 2011		- 500 h	Dépenses R/M	Dépenses OES	Dépenses OIS	Recettes R/M	Recettes OES	[illegible]
10 DOTATIONS, FONDS DIVERS ET RÉSERVES								
102	Dotations et fonds globalisés d'investissement							
1021	Dotation	x	10	040	041	10	040	[illegible]
1022	Fonds globalisés d'investissement							
10222	F.C.T.V.A.	x	10			10		
10223	T.L.E.	x	10			10		
10224	Versements pour dépassement du plafond légal de densité (P.L.D.)		10			10		
10225	Participations en cas de dépassement du coefficient d'occupation du sol (C.O.S.)		10			10		
10228	Autres fonds globalisés	x	10			10		
10229	Reprise sur F.C.T.V.A. et autres fonds globalisés	x		040			040	
102291	Reprise sur F.C.T.V.A.			040			040	
102292	Reprise sur autres fonds globalisés			040			040	
1025	Dons et legs en capital							
10251	Dons et legs en capital	x	10		041	10		[illegible]
10259	Reprise sur dons et legs en capital	x		040			040	
1027	Mise à disposition (chez le bénéficiaire)							
106	Réserves							
1068	Excédents de fonctionnement capitalisés	x	10	040	041	10	040	[illegible]
1069	Reprise 1997 sur excédents capitalisés – Neutralisation de l'excédent des charges sur les produits							
11 REPORT À NOUVEAU (solde créditeur ou débiteur)								
110	Report à nouveau (solde créditeur)							
119	Report à nouveau (solde débiteur)							
12 RÉSULTAT DE L'EXERCICE (excédentaire ou déficitaire)								
13 SUBVENTIONS D'INVESTISSEMENT								
131	Subventions d'équipement transférables (1)	x	13		041	13		[illegible]
1311	État et établissements nationaux		13		041	13		[illegible]
1312	Régions		13		041	13		[illegible]
1313	Départements		13		041	13		[illegible]
1314	Communes							
13141	Communes membres du GFP		13		041	13		[illegible]
13148	Autres communes		13		041	13		[illegible]
1315	Groupements de collectivités							
13151	GFP de rattachement		13		041	13		[illegible]
13158	Autres groupements		13		041	13		[illegible]
1316	Autres établissements publics locaux		13		041	13		[illegible]
1317	Budget communautaire et fonds structurels		13		041	13		[illegible]
1318	Autres		13		041	13		[illegible]
132	Subventions d'équipement non transférables (1)	x	13		041	13		[illegible]
1321	État et établissements nationaux		13		041	13		[illegible]
1322	Régions		13		041	13		[illegible]
1323	Départements		13		041	13		[illegible]
1324	Communes							
13241	Communes membres du GFP		13		041	13		[illegible]
13248	Autres communes		13		041	13		[illegible]
1325	Groupements de collectivités							
13251	GFP de rattachement		13		041	13		[illegible]
13258	Autres groupements		13		041	13		[illegible]
1326	Autres établissements publics locaux		13		041	13		[illegible]
1327	Budget communautaire et fonds structurels		13		041	13		[illegible]
1328	Autres		13		041	13		[illegible]

Seules sont d'équipement les dépenses réelles sur les comptes 20, 204, 21, 22, 23 et les recettes réelles sur les comptes 13 (sauf 138) et 16 (sauf 165, 166 et 16449) ainsi [illegible] les écritures annulatives des dépenses d'équipement sur les comptes 20, 204, 21, 22 et 23.
Les comptes 102291, 102292, 10259, 1069 sont habituellement utilisés en recette.
Les comptes du chapitre 13 sont habituellement utilisés en recette sauf le 139 et ses subdivisions.

(1) Les recettes des comptes 131 et 132 sont d'ordre s'il s'agit de subventions en nature. Elles apparaissent alors en tant qu'opérations financières.

Comptes 2011		- 500 h	Dépenses			Recettes		
			R/M	OES	OIS	R/M	OES	OIS
133	Fonds affectés à l'équipement transférables							
1331	Dotation d'équipement des territoires ruraux	x	13			13		
1332	Amendes de police	x	13			13		
1333	P.A.E. (Programme d'Aménagement d'Ensemble)		13			13		
1334	Surtaxes locales temporaires		13			13		
1335	Participations pour non-réalisation d'aires de stationnement		13			13		
1336	Participations pour voirie et réseaux	x	13			13		
1338	Autres	x	13			13		
134	Fonds affectés à l'équipement non transférables							
1341	Dotation d'équipement des territoires ruraux	x	13			13		
1342	Amendes de police	x	13			13		
1343	P.A.E. (Programme d'Aménagement d'Ensemble)		13			13		
1344	Surtaxes locales temporaires		13			13		
1345	Participations pour non-réalisation d'aires de stationnement		13			13		
1346	Participations pour voirie et réseaux	x	13			13		
1348	Autres fonds non transférables affectés à l'équipement	x	13			13		
138	Autres subventions d'investissement non transférables	x	13			13		
1381	État et établissements nationaux		13			13		
1382	Régions		13			13		
1383	Départements		13			13		
1384	Communes		13			13		
1385	Groupements de collectivités		13			13		
1386	Autres établissements publics locaux		13			13		
1387	Budget communautaire et fonds structurels		13			13		
1388	Autres		13			13		
139	Subventions d'investissement transférées au compte de résultat	x		040			040	
1391	Subventions d'équipement	x		040			040	
13911	État et établissements nationaux			040			040	
13912	Régions			040			040	
13913	Départements			040			040	
13914	Communes							
139141	Communes membres du GFP			040			040	
139148	Autres communes			040			040	
13915	Groupements de collectivités							
139151	GFP de rattachement			040			040	
139158	Autres groupements			040			040	
13916	Autres établissements publics locaux			040			040	
13917	Budget communautaire et fonds structurels			040			040	
13918	Autres			040			040	
1393	Fonds affectés à l'équipement							
13931	Dotation d'équipement des territoires ruraux	x		040			040	
13932	Amendes de police	x		040			040	
13933	P.A.E. (Programme d'Aménagement d'Ensemble)			040			040	
13934	Surtaxes locales temporaires			040			040	
13935	Participation pour non-réalisation d'aires de stationnement			040			040	
13936	Participation pour voirie et réseaux	x		040			040	
13938	Autres	x		040			040	

s sont d'équipement les dépenses réelles sur les comptes 20, 204, 21, 22, 23 et les recettes réelles sur les comptes 13 (sauf 138) et 16 (sauf 165, 166 et 16449) ainsi que critures annulatives des dépenses d'équipement sur les comptes 20, 204, 21, 22 et 23.
omptes du chapitre 13 sont habituellement utilisés en recette sauf le 139 et ses subdivisions.

Comptes 2011		- 500 h	Dépenses R/M	Dépenses OES	Dépenses OIS	Recettes R/M	Recettes OES
15 PROVISIONS POUR RISQUES ET CHARGES (uniquement si provisions budgétaires)							
151	Provisions pour risques						
1511	Provisions pour litiges						
15111	Provisions pour litiges						
15112	Provisions pour litiges	x		040			040
1515	Provisions pour pertes de change						
15151	Provisions pour pertes de change						
15152	Provisions pour pertes de change			040			040
1517	Provisions pour garanties d'emprunt						
15171	Provisions pour garanties d'emprunt						
15172	Provisions pour garanties d'emprunt	x		040			040
1518	Autres provisions pour risques						
15181	Autres provisions pour risques						
15182	Autres provisions pour risques	x		040			040
157	Provisions pour charges à répartir sur plusieurs exercices						
1572	Provisions pour grosses réparations						
15721	Provisions pour grosses réparations						
15722	Provisions pour grosses réparations			040			040
158	Autres provisions pour charges						
1581	Autres provisions pour charges						
1582	Autres provisions pour charges	x		040			040
16 EMPRUNTS ET DETTES ASSIMILÉES (1)							
163	Emprunts obligataires	x	16	040	041	16	040
164	Emprunts auprès des établissements de crédit						
1641	Emprunts en euros	x	16	040	041	16	040
1643	Emprunts en devises	x	16	040	041	16	040
1644	Emprunts assortis d'une option de tirage sur ligne de trésorerie						
16441	Opérations afférentes à l'emprunt	x	16	040	041	16	040
16449	Opérations afférentes à l'option de tirage sur ligne de trésorerie	x	16		041	16	
165	Dépôts et cautionnements reçus	x	16	040	041	16	040
166	Refinancement de dette	x	16	040	041	16	040
167	Emprunts et dettes assortis de conditions particulières	x	16	040	041	16	040
1671	Avances consolidées du Trésor		16	040	041	16	040
1672	Emprunts sur comptes spéciaux du Trésor		16	040	041	16	040
M 1675	Dettes afférentes aux M.E.T.P. et P.P.P.		16	040	041	16	040
1676	Dettes envers locataires-acquéreurs		16	040	041	16	040
1678	Autres emprunts et dettes		16	040	041	16	040

Seules sont d'équipement les dépenses réelles sur les comptes 20, 204, 21, 22, 23 et les recettes réelles sur les comptes 13 (sauf 138) et 16 (sauf 165, 166 et 16449) a
les écritures annulatives des dépenses d'équipement sur les comptes 20, 204, 21, 22 et 23.
Les comptes du chapitre 15 sont habituellement utilisés en recettes.

(1) Tous les articles du chapitre 16 peuvent être d'ordre en recette dans le cadre de la capitalisation des intérêts.

Comptes 2011		- 500 h	Dépenses			Recettes		
			R/M	OES	OIS	R/M	OES	OIS
168	Autres emprunts et dettes assimilées							
1681	Autres emprunts	x	16	040	041	16	040	041
16811	Organismes d'assurances		16	040	041	16	040	041
16812	Entreprises non financières		16	040	041	16	040	041
16813	Particuliers		16	040	041	16	040	041
16814	Étrangers		16	040	041	16	040	041
16818	Autres prêteurs		16	040	041	16	040	041
1682	Bons à moyen terme négociables		16	040	041	16	040	041
1687	Autres dettes	x	16	040	041	16	040	041
16871	État et établissements nationaux		16	040	041	16	040	041
16872	Régions		16	040	041	16	040	041
16873	Départements		16	040	041	16	040	041
16874	Communes							
168741	Communes membres du GFP		16	040	041	16	040	041
168748	Autres communes		16	040	041	16	040	041
16875	Groupements de collectivités							
168751	GFP de rattachement		16	040	041	16	040	041
168758	Autres groupements		16	040	041	16	040	041
16876	Autres établissements publics locaux		16	040	041	16	040	041
16878	Autres organismes et particuliers		16	040	041	16	040	041
1688	Intérêts courus							
16883	Intérêts courus sur emprunts obligataires							
16884	Intérêts courus sur emprunts auprès des établissements de crédit							
16888	Intérêts courus sur autres emprunts et dettes assimilées							
169	Primes de remboursement des obligations	x		040	041		040	041
18 COMPTE DE LIAISON : AFFECTATION (1) (BUDGET ANNEXES – RÉGIES NON PERSONNALISÉES)								
181	Comptes de liaison : affectation à...	x	18			18		
19 DIFFÉRENCES SUR RÉALISATION D'IMMOBILISATIONS								
192	Plus ou moins-values sur cessions d'immobilisations	x		040			040	
193	Autres différences sur réalisations d'immobilisations							

…ont d'équipement les dépenses réelles sur les comptes 20, 204, 21, 22, 23 et les recettes réelles sur les comptes 13 (sauf 138) et 16 (sauf 165, 166 et 16449) ainsi que …res annulatives des dépenses d'équipement sur les comptes 20, 204, 21, 22 et 23.

…s les écritures sur le chapitre 18 sont financières et mixtes (semi-budgétaires).

Classe 2 – Comptes d'immobilisations

Comptes 2011		- 500 h	Dépenses			Recettes	
			R/M	OES	OIS	R/M	OES
20 IMMOBILISATIONS INCORPORELLES (1)							
202	Frais liés à la réalisation des documents d'urbanisme et à la numérisation du cadastre	x	20	040	041	20	040
203	Frais d'études, de recherche et de développement et frais d'insertion	x	20	040	041	20	040
2031	Frais d'études		20	040	041	20	040
2032	Frais de recherche et de développement		20	040	041	20	040
2033	Frais d'insertion		20	040	041	20	040
204	Subventions d'équipement versées						
2041	Subventions d'équipement aux organismes publics	x	204		041	204	
20411	État		204		041	204	
20412	Régions		204		041	204	
20413	Départements		204		041	204	
20414	Communes						
204141	Communes membres du GFP		204		041	204	
204148	Autres communes		204		041	204	
20415	Groupements de collectivités						
204151	GFP de rattachement		204		041	204	
204158	Autres groupements		204		041	204	
20416	Établissements et services rattachés						
204161	Caisse des Écoles		204		041	204	
204162	CCAS		204		041	204	
204163	À caractère administratif		204		041	204	
204164	À caractère industriel et commercial		204		041	204	
20417	Autres établissements publics locaux		204		041	204	
20418	Autres organismes publics		204		041	204	
2042	Subvention d'équipement aux personnes de droit privé	x	204		041	204	
2044	Subventions d'équipement en nature						
20441	Organismes publics	x			041		
20442	Personnes de droit privé	x			041		
205	Concessions et droits similaires, brevets, licences, marques, procédés, logiciels, droits et valeurs similaires	x	20	040	041	20	040
208	Autres immobilisations incorporelles	x	20	040	041	20	040
2087	Immobilisations incorporelles reçues au titre d'une mise à disposition		20	040	041	20	040
2088	Autres immobilisations incorporelles		20	040	041	20	040
21 IMMOBILISATIONS CORPORELLES (1)							
211	Terrains						
2111	Terrains nus	x	21	040	041	21	040
2112	Terrains de voirie	x	21	040	041	21	040
2113	Terrains aménagés autres que voirie	x	21	040	041	21	040
2114	Terrains de gisement	x	21	040	041	21	040
2115	Terrains bâtis	x	21	040	041	21	040
2116	Cimetières	x	21	040	041	21	040
2117	Bois et forêts	x	21	040	041	21	040
2118	Autres terrains	x	21	040	041	21	040
212	Agencements et aménagements de terrains	x	21	040	041	21	040
2121	Plantations d'arbres et d'arbustes		21	040	041	21	040
2128	Autres agencements et aménagements de terrains		21	040	041	21	040

Seules sont d'équipement les dépenses réelles sur les comptes 20, 204, 21, 22, 23 et les recettes réelles sur les comptes 13 (sauf 138) et 16 (sauf 165, 166 et 16449) ainsi les écritures annulatives des dépenses d'équipement sur les comptes 20, 204, 21, 22 et 23.

(1) Toutes les dépenses passées sur les articles des chapitres 20, 21 et 23 peuvent être d'ordre dans le cas de travaux en régie.

Comptes 2011		- 500 h	Dépenses			Recettes		
			R/M	OES	OIS	R/M	OES	OIS
213	Constructions							
2131	Bâtiments publics	x	21	040	041	21	040	041
21311	Hôtel de ville		21	040	041	21	040	041
21312	Bâtiments scolaires		21	040	041	21	040	041
21316	Équipements du cimetière		21	040	041	21	040	041
21318	Autres bâtiments publics		21	040	041	21	040	041
2132	Immeubles de rapport	x	21	040	041	21	040	041
2135	Installations générales, agencements, aménagements des constructions	x	21	040	041	21	040	041
2138	Autres constructions	x	21	040	041	21	040	041
214	Constructions sur sol d'autrui	x	21	040	041	21	040	041
2141	Constructions sur sol d'autrui - Bâtiments publics		21	040	041	21	040	041
2142	Constructions sur sol d'autrui - Immeubles de rapport		21	040	041	21	040	041
2145	Constructions sur sol d'autrui - Installations générales, agencements, aménagements		21	040	041	21	040	041
2148	Constructions sur sol d'autrui - Autres constructions		21	040	041	21	040	041
215	Installations, matériel et outillage techniques							
2151	Réseaux de voirie	x	21	040	041	21	040	041
2152	Installations de voirie	x	21	040	041	21	040	041
2153	Réseaux divers							
21531	Réseaux d'adduction d'eau	x	21	040	041	21	040	041
21532	Réseaux d'assainissement	x	21	040	041	21	040	041
21533	Réseaux câblés		21	040	041	21	040	041
21534	Réseaux d'électrification		21	040	041	21	040	041
21538	Autres réseaux	x	21	040	041	21	040	041
2156	Matériel et outillage d'incendie et de défense civile	x	21	040	041	21	040	041
21561	Matériel roulant		21	040	041	21	040	041
21568	Autres matériels et outillages d'incendie et de défense civile		21	040	041	21	040	041
2157	Matériel et outillage de voirie	x	21	040	041	21	040	041
21571	Matériel roulant		21	040	041	21	040	041
21578	Autre matériel et outillage de voirie		21	040	041	21	040	041
2158	Autres installations, matériel et outillage techniques	x	21	040	041	21	040	041
216	Collections et œuvres d'art	x	21	040	041	21	040	041
2161	Œuvres et objets d'art		21	040	041	21	040	041
2162	Fonds anciens des bibliothèques et musées		21	040	041	21	040	041
2168	Autres collections et œuvres d'art		21	040	041	21	040	041
217	Immobilisations corporelles reçues au titre d'une mise à disposition							
2171	Terrains	x	21	040	041	21	040	041
21711	Terrains nus		21	040	041	21	040	041
21712	Terrains de voirie		21	040	041	21	040	041
21713	Terrains aménagés autres que voirie		21	040	041	21	040	041
21714	Terrains de gisement		21	040	041	21	040	041
21715	Terrains bâtis		21	040	041	21	040	041
21718	Autres terrains		21	040	041	21	040	041
2172	Agencements et aménagements de terrains	x	21	040	041	21	040	041
21721	Plantations d'arbres et d'arbustes		21	040	041	21	040	041
21728	Autres agencements et aménagements de terrains		21	040	041	21	040	041

es sont d'équipement les dépenses réelles sur les comptes 20, 204, 21, 22, 23 et les recettes réelles sur les comptes 13 (sauf 138) et 16 (sauf 165, 166 et 16449) ainsi que critures annulatives des dépenses d'équipement sur les comptes 20, 204, 21, 22 et 23.

comptes du chapitre 21 sont habituellement utilisés en dépenses.

Comptes 2011		- 500 h	Dépenses			Recettes	
			R/M	OES	OIS	R/M	OES
2173	Constructions	x	21	040	041	21	040
21731	Bâtiments publics		21	040	041	21	040
21732	Immeubles de rapport		21	040	041	21	040
21735	Installations générales, agencements, aménagements des constructions		21	040	041	21	040
21738	Autres constructions		21	040	041	21	040
2174	Constructions sur sol d'autrui	x	21	040	041	21	040
21741	Constructions sur sol d'autrui - Bâtiments publics		21	040	041	21	040
21742	Constructions sur sol d'autrui - Immeubles de rapport		21	040	041	21	040
21745	Constructions sur sol d'autrui - Installations générales, agencements, aménagements		21	040	041	21	040
21748	Constructions sur sol d'autrui - Autres constructions		21	040	041	21	040
2175	Installations, matériel et outillage techniques	x	21	040	041	21	040
21751	Réseaux de voirie		21	040	041	21	040
21752	Installations de voirie		21	040	041	21	040
21753	Réseaux divers						
217533	Réseaux câblés		21	040	041	21	040
217534	Réseaux d'électrification		21	040	041	21	040
217538	Autres réseaux		21	040	041	21	040
21757	Matériel et outillage de voirie		21	040	041	21	040
21758	Autres installations, matériel et outillage techniques		21	040	041	21	040
2178	Autres immobilisations corporelles reçues au titre d'une mise à disposition	x	21	040	041	21	040
21782	Matériel de transport		21	040	041	21	040
21783	Matériel de bureau et matériel informatique		21	040	041	21	040
21784	Mobilier		21	040	041	21	040
21785	Cheptel		21	040	041	21	040
21788	Autres immobilisations corporelles reçues au titre d'une mise à disposition		21	040	041	21	040
218	Autres immobilisations corporelles						
2181	Installations générales, agencements et aménagements divers	x	21	040	041	21	040
2182	Matériel de transport	x	21	040	041	21	040
2183	Matériel de bureau et matériel informatique	x	21	040	041	21	040
2184	Mobilier	x	21	040	041	21	040
2185	Cheptel	x	21	040	041	21	040
2188	Autres immobilisations corporelles	x	21	040	041	21	040
22 IMMOBILISATIONS REÇUES EN AFFECTATION							
220	Immobilisations reçues en affectation (1)	x	22	040	041	22	040
221	Terrains						
2211	Terrains nus		22	040	041	22	040
2213	Terrains aménagés autres que voirie		22	040	041	22	040
2214	Terrains de gisement		22	040	041	22	040
2215	Terrains bâtis		22	040	041	22	040
2218	Autres terrains		22	040	041	22	040
222	Agencements et aménagements de terrains						
2221	Plantations d'arbres et d'arbustes		22	040	041	22	040
2228	Autres agencements et aménagements de terrains		22	040	041	22	040

Seules sont d'équipement les dépenses réelles sur les comptes 20, 204, 21, 22, 23 et les recettes réelles sur les comptes 13 (sauf 138) et 16 (sauf 165, 166 et 16449) ainsi les écritures annulatives des dépenses d'équipement sur les comptes 20, 204, 21, 22 et 23.
Les comptes du chapitre 21 sont habituellement utilisés en dépenses.

(1) Compte exclusivement utilisé par les collectivités de moins de 500 habitants.

Comptes 2011		- 500 h	Dépenses			Recettes		
			R/M	OES	OIS	R/M	OES	OIS
223	Constructions							
2231	Bâtiments publics		22	040	041	22	040	041
2232	Immeubles de rapport		22	040	041	22	040	041
2235	Installations générales, agencements, aménagements des constructions		22	040	041	22	040	041
2238	Autres constructions		22	040	041	22	040	041
224	Constructions sur sol d'autrui							
2241	Constructions sur sol d'autrui – Bâtiments publics		22	040	041	22	040	041
2242	Constructions sur sol d'autrui – Immeubles de rapport		22	040	041	22	040	041
2245	Constructions sur sol d'autrui – Installations générales, agencements, aménagements		22	040	041	22	040	041
2248	Constructions sur sol d'autrui – Autres constructions		22	040	041	22	040	041
225	Installations, matériel et outillage techniques							
2253	Réseaux divers							
22533	Réseaux câblés		22	040	041	22	040	041
22534	Réseaux d'électrification		22	040	041	22	040	041
22538	Autres réseaux		22	040	041	22	040	041
2256	Matériel et outillage d'incendie et de défense civile		22	040	041	22	040	041
2257	Matériel et outillage de voirie		22	040	041	22	040	041
2258	Autres installations, matériel et outillage techniques		22	040	041	22	040	041
226	Collections et œuvres d'art							
2261	Œuvres et objets d'art		22	040	041	22	040	041
2262	Fonds anciens des bibliothèques et musées		22	040	041	22	040	041
2268	Autres collections et œuvres d'art		22	040	041	22	040	041
228	Autres immobilisations corporelles							
2281	Installations générales, agencements et aménagements divers		22	040	041	22	040	041
2282	Matériel de transport		22	040	041	22	040	041
2283	Matériel de bureau et matériel informatique		22	040	041	22	040	041
2284	Mobilier		22	040	041	22	040	041
2285	Cheptel		22	040	041	22	040	041
2288	Autres immobilisations corporelles		22	040	041	22	040	041
229	Droits de l'affectant							
2291	Communes							
2293	Établissements publics de coopération intercommunale							
2298	Autres droits de l'affectant							
23 IMMOBILISATIONS EN COURS (1)								
231	Immobilisations corporelles en cours	x	23	040	041	23	040	041
2312	Terrains		23	040	041	23	040	041
2313	Constructions		23	040	041	23	040	041
2314	Constructions sur sol d'autrui		23	040	041	23	040	041
2315	Installations, matériel et outillage techniques		23	040	041	23	040	041
2316	Restauration des collections et œuvres d'art		23	040	041	23	040	041
2317	Immobilisations corporelles reçues au titre d'une mise à disposition		23	040	041	23	040	041
2318	Autres immobilisations corporelles en cours		23	040	041	23	040	041
232	Immobilisations incorporelles en cours	x	23	040	041	23	040	041
235	Part investissement P.P.P.		23	040	041	23	040	041
237	Avances versées sur commandes d'immobilisations incorporelles	x	23	040	041	23	040	041
238	Avances versées sur commandes d'immobilisations corporelles	x	23	040	041	23	040	041

ıles sont d'équipement les dépenses réelles sur les comptes 20, 204, 21, 22, 23 et les recettes réelles sur les comptes 13 (sauf 138) et 16 (sauf 165, 166 et 16449) ainsi que écritures annulatives des dépenses d'équipement sur les comptes 20, 204, 21, 22 et 23.
; comptes du chapitre 23 sont habituellement utilisés en dépenses.

Toutes les dépenses passées sur les articles des chapitres 20, 21 et 23 peuvent être d'ordre dans le cas de travaux en régie.

Comptes 2011		- 500 h	Dépenses			Recettes		
			R/M	OES	OIS	R/M	OES	O
24 IMMOBILISATIONS AFFECTÉES, CONCÉDÉES, AFFERMÉES OU MISES À DISPOSITION								
241	Immobilisations mises en concession ou en affermage							
242	Immobilisations mises à disposition dans le cadre du transfert de compétences							
2421	de la région (enseignement)							
2422	du département (enseignement)							
2423	d'établissements publics de coopération intercommunale							
2424	des services départementaux d'incendie et de secours							
243	Immobilisations mises en affectation à une régie dotée de la personnalité morale et de l'autonomie financière							
244	Immobilisations mises en affectation à un centre communal d'action sociale							
245	Immobilisations mises en affectation à une caisse des écoles							
246	Immobilisations mises en affectation à un établissement public de coopération intercommunale							
248	Autres immobilisations mises en affectation							
249	Droits du remettant							
2491	Mises en concession ou affermage							
2492	Mises à disposition dans le cadre du transfert de compétences							
2493	Mises en affectation à une régie dotée de la personnalité morale et de l'autonomie financière							
2494	Mises en affectation à un centre communal d'action sociale							
2495	Mises en affectation à une caisse des écoles							
2496	Mises en affectation à un établissement public de coopération intercommunale							
2498	Autres mises en affectation							
26 PARTICIPATIONS ET CRÉANCES RATTACHÉES À DES PARTICIPATIONS		x	26	040	041	26	040	0
261	Titres de participation		26	040	041	26	040	0
266	Autres formes de participation		26	040	041	26	040	0
269	Versements restant à effectuer sur titres de participation non libérés		26	040	041	26	040	0
27 AUTRES IMMOBILISATIONS FINANCIÈRES								
271	Titres immobilisés (droits de propriété)	x	27	040	041	27	040	0
272	Titres immobilisés (droits de créance)	x	27	040	041	27	040	0
273	Comptes de placement (long terme)							
2731	Comptes de placement rémunérés	x	27	040	041	27	040	0
2732	Fonds d'épargne forestière	x	27	040	041	27	040	0
274	Prêts	x	27	040	041	27	040	0
275	Dépôts et cautionnements versés	x	27	040	041	27	040	0
276	Autres créances immobilisées							
2761	Créances pour avances en garantie d'emprunt	x	27	040	041	27	040	0
2762	Créances sur transfert de droits à déduction de T.V.A.	x	27	040	041	27	040	0
2763	Créances sur des collectivités et établissements publics	x	27	040	041	27	040	0
27631	État et établissements nationaux		27	040	041	27	040	0
27632	Régions		27	040	041	27	040	0
27633	Départements		27	040	041	27	040	0
27634	Communes							
276341	Communes membres du GFP		27	040	041	27	040	0
276348	Autres communes		27	040	041	27	040	0
27635	Groupements de collectivités							
276351	GFP de rattachement		27	040	041	27	040	0
276358	Autres groupements		27	040	041	27	040	0

Les comptes des chapitres 26 (sauf 269) et 27 (sauf 279) sont habituellement utilisés en dépenses.
Les écritures sur les comptes 26, 27, 28 sont financières.

Comptes 2011		- 500 h	Dépenses			Recettes		
			R/M	OES	OIS	R/M	OES	OIS
27636	C.C.A.S. et caisse des Écoles		27	040	041	27	040	041
27638	Autres établissements publics		27	040	041	27	040	041
2764	Créances sur des particuliers et autres personnes de droit privé	x	27	040	041	27	040	041
2766	Créances pour locations-acquisitions		27	040	041	27	040	041
2768	Intérêts courus							
27682	Intérêts courus sur titres immobilisés (droits de créance)							
27684	Intérêts courus sur prêts							
27688	Intérêts courus sur créances diverses							
279	Versements restant à effectuer sur titres immobilisés non libérés		27	040	041	27	040	041
28 AMORTISSEMENTS DES IMMOBILISATIONS								
280	Amortissements des immobilisations incorporelles							
2802	Frais liés à la réalisation des documents d'urbanisme et à la numérisation du cadastre	x		040			040	
2803	Frais d'études, de recherche et de développement et frais d'insertion	x		040			040	
28031	Frais d'études			040			040	
28032	Frais de recherche et de développement			040			040	
28033	Frais d'insertion			040			040	
2804	Subventions d'équipement versées							
28041	Subventions d'équipement aux organismes publics	x		040			040	
280411	État			040			040	
280412	Régions			040			040	
280413	Départements			040			040	
280414	Communes							
2804141	Communes membres du GFP			040			040	
2804148	Autres communes			040			040	
280415	Groupements de collectivité							
2804151	GFP de rattachement			040			040	
2804158	Autres groupements			040			040	
280416	Établissements et services rattachés							
2804161	Caisse des Écoles			040			040	
2804162	CCAS			040			040	
2804163	À caractère administratif			040			040	
2804164	À caractère industriel et commercial			040			040	
280417	Autres établissements publics locaux			040			040	
280418	Autres organismes publics			040			040	
28042	Subventions d'équipement aux personnes de droit privé	x		040			040	
28044	Subventions d'équipement en nature							
280441	Organismes publics	x		040			040	
280442	Personnes de droit privé	x		040			040	
2805	Concessions et droits similaires, brevets, licences, logiciels, droits et valeurs similaires	x		040			040	
2808	Autres immobilisations incorporelles							
28087	Immobilisations incorporelles reçues au titre d'une mise à disposition	x		040			040	
28088	Autres immobilisations incorporelles	x		040			040	
281	Amortissements des immobilisations corporelles							
2811	Terrains de gisement	x		040			040	
2812	Agencements et aménagements de terrains	x		040			040	
28121	Plantations d'arbres et d'arbustes			040			040	
28128	Autres agencements et aménagements de terrains			040			040	

comptes du chapitre 28 sont habituellement utilisés en recettes.
écritures sur les comptes 28 sont financières.

Comptes 2011		- 500 h	Dépenses			Recettes		
			R/M	OES	OIS	R/M	OES	O
2813	Constructions							
28131	Bâtiments publics	x		040			040	
281311	Hôtel de ville			040			040	
281312	Bâtiments scolaires			040			040	
281316	Équipements du cimetière			040			040	
281318	Autres bâtiments publics			040			040	
28132	Immeubles de rapport	x		040			040	
28135	Installations générales, agencements, aménagements des constructions	x		040			040	
28138	Autres constructions	x		040			040	
2814	Constructions sur sol d'autrui	x		040			040	
28141	Bâtiments publics			040			040	
28142	Immeubles de rapport			040			040	
28145	Installations générales, agencements et aménagements			040			040	
28148	Autres constructions sur sol d'autrui			040			040	
2815	Installations, matériel et outillage techniques							
28151	Réseaux de voirie	x		040			040	
28152	Installations de voirie	x		040			040	
28153	Réseaux divers							
281531	Réseaux d'adduction d'eau	x		040			040	
281532	Réseaux d'assainissement	x		040			040	
281533	Réseaux câblés			040			040	
281534	Réseaux d'électrification			040			040	
281538	Autres réseaux	x		040			040	
28156	Matériel et outillage d'incendie et de défense civile	x		040			040	
281561	Matériel roulant			040			040	
281568	Autre matériel et outillage d'incendie et de défense civile			040			040	
28157	Matériel et outillage de voirie	x		040			040	
281571	Matériel roulant			040			040	
281578	Autre matériel et outillage de voirie			040			040	
28158	Autres installations, matériel et outillage techniques	x		040			040	
2817	Immobilisations corporelles reçues au titre d'une mise à disposition							
28171	Terrains	x		040			040	
28172	Agencements et aménagements de terrains	x		040			040	
281721	Plantation d'arbres et d'arbustes			040			040	
281728	Autres agencements et aménagements de terrains			040			040	
28173	Constructions	x		040			040	
281731	Bâtiments publics			040			040	
281732	Immeubles de rapport			040			040	
281735	Installations générales, agencements, aménagements des constructions			040			040	
281738	Autres constructions			040			040	
28174	Constructions sur sol d'autrui	x		040			040	
281741	Constructions sur le sol d'autrui – Bâtiments publics			040			040	
281742	Constructions sur le sol d'autrui – Immeubles de rapport			040			040	
281745	Constructions sur le sol d'autrui – Installations générales, agencements, aménagements			040			040	
281748	Constructions sur le sol d'autrui – Autres constructions			040			040	
28175	Installations, matériel et outillage techniques	x		040			040	
281751	Réseaux de voirie			040			040	
281752	Installations de voirie			040			040	

Les comptes du chapitre 28 sont habituellement utilisés en recettes.
Les écritures sur les comptes 28 sont financières.

Comptes 2011		- 500 h	Dépenses			Recettes		
			R/M	OES	OIS	R/M	OES	OIS
281753	Réseaux divers							
2817533	Réseaux câblés			040			040	
2817534	Réseaux d'électrification			040			040	
2817538	Autres réseaux			040			040	
281757	Matériel et outillage de voirie			040			040	
281758	Autres installations, matériel et outillage techniques			040			040	
28178	Autres immobilisations corporelles reçues au titre d'une mise à disposition	x		040			040	
281782	Matériel de transport			040			040	
281783	Matériel de bureau et informatique			040			040	
281784	Mobilier			040			040	
281785	Cheptel			040			040	
281788	Autres immobilisations corporelles reçues au titre d'une mise à disposition			040			040	
2818	Autres immobilisations corporelles							
28181	Installations générales, agencements et aménagements divers	x		040			040	
28182	Matériel de transport	x		040			040	
28183	Matériel de bureau et matériel informatique	x		040			040	
28184	Mobilier	x		040			040	
28185	Cheptel	x		040			040	
28188	Autres immobilisations corporelles	x		040			040	
282	Amortissements des immobilisations reçues en affectation	x		040			040	
2821	Terrains de gisement			040			040	
2822	Agencements et aménagements de terrains							
28221	Plantations d'arbres et d'arbustes			040			040	
28228	Autres agencements et aménagements de terrains			040			040	
2823	Constructions							
28231	Bâtiments publics			040			040	
28232	Immeubles de rapport			040			040	
28235	Installations générales, agencements et aménagements des constructions			040			040	
28238	Autres constructions			040			040	
2824	Constructions sur sol d'autrui							
28241	Bâtiments publics			040			040	
28242	Immeubles de rapport			040			040	
28245	Installations générales, agencements, aménagements			040			040	
28248	Autres constructions			040			040	
2825	Installations, matériel et outillage techniques							
28253	Réseaux divers							
282533	Réseaux câblés			040			040	
282534	Réseaux d'électrification			040			040	
282538	Autres réseaux			040			040	
28256	Matériel et outillage d'incendie et de défense civile			040			040	
28257	Matériel et outillage de nettoiement			040			040	
28258	Autres installations techniques, matériel et outillage industriel			040			040	
2828	Autres immobilisations corporelles							
28281	Installations générales, agencements et aménagements divers			040			040	
28282	Matériel de transport			040			040	
28283	Matériel de bureau et matériel informatique			040			040	
28284	Mobilier			040			040	
28285	Cheptel			040			040	
28288	Autres immobilisations corporelles reçues en affectation			040			040	
29 PROVISIONS POUR DÉPRÉCIATION DES IMMOBILISATIONS								
290	Provisions pour dépréciation des immobilisations incorporelles							

comptes 29052, 29082, 29112, 29132, 29142, 29312, 29322, 29612, 29662, 29712, 29722, 29742, 29752, 29612 et 297682 sont utilisés si la collectivité a opté pour une ion budgétaire des provisions.
comptes des chapitres 28 et 29 sont habituellement utilisés en recettes.
écritures sur les comptes 28 et 29 sont financières.

Comptes 2011		- 500 h	Dépenses			Recettes		
			R/M	OES	OIS	R/M	OES	C
2905	Marques, procédés, droits et valeurs similaires							
29051	Marques, procédés, droits et valeurs similaires							
29052	Marques, procédés, droits et valeurs similaires	x		040			040	
2908	Autres immobilisations incorporelles							
29081	Autres immobilisations incorporelles							
29082	Autres immobilisations incorporelles	x		040			040	
291	Provisions pour dépréciation des immobilisations corporelles							
2911	Terrains (autres que terrains de gisement)							
29111	Terrains (autres que terrains de gisement)							
29112	Terrains (autres que terrains de gisement)	x		040			040	
2913	Constructions							
29131	Constructions							
29132	Constructions	x		040			040	
2914	Constructions sur sol d'autrui							
29141	Constructions sur sol d'autrui							
29142	Constructions sur sol d'autrui	x		040			040	
293	Provisions pour dépréciation des immobilisations en cours							
2931	Immobilisations corporelles en cours							
29311	Immobilisations corporelles en cours							
29312	Immobilisations corporelles en cours	x		040			040	
2932	Immobilisations incorporelles en cours							
29321	Immobilisations incorporelles en cours							
29322	Immobilisations incorporelles en cours	x		040			040	
296	Provisions pour dépréciation des participations et créances rattachées à des participations							
2961	Titres de participation							
29611	Titres de participation							
29612	Titres de participation	x		040			040	
2966	Autres formes de participation							
29661	Autres formes de participation							
29662	Autres formes de participation	x		040			040	
297	Provisions pour dépréciation des autres immobilisations financières							
2971	Titres immobilisés – Droits de propriété							
29711	Titres immobilisés – Droits de propriété							
29712	Titres immobilisés – Droits de propriété	x		040			040	
2972	Titres immobilisés – Droits de créance							
29721	Titres immobilisés – Droits de créance							
29722	Titres immobilisés – Droits de créance	x		040			040	
2974	Prêts							
29741	Prêts							
29742	Prêts	x		040			040	
2975	Dépôts et cautionnements versés							
29751	Dépôts et cautionnements versés							
29752	Dépôts et cautionnements versés	x		040			040	
2976	Autres créances immobilisées							
29761	Créances pour avances en garantie d'emprunt							
297611	Créances pour avances en garantie d'emprunt							
297612	Créances pour avances en garantie d'emprunt	x		040			040	
29768	Autres créances immobilisées							
297681	Autres créances immobilisées							
297682	Autres créances immobilisées	x		040			040	

Les comptes du chapitre 29 sont habituellement utilisés en recettes.
Les écritures sur les comptes 29 sont financières.

Classe 3 – Comptes de stock et en-cours (1)

Comptes 2011		- 500 h	Dépenses			Recettes		
			R/M	OES	OIS	R/M	OES	OIS
31 MATIÈRES PREMIÈRES (ET FOURNITURES)								
311	Matières premières et fournitures autres que terrains	x	010	040		010	040	
315	Terrains à aménager	x	010	040		010	040	
32 AUTRES APPROVISIONNEMENTS								
321	Matières consommables							
322	Fournitures consommables autres qu'alimentation							
3221	Combustibles et carburants							
3222	Produits d'entretien							
3223	Fournitures des ateliers municipaux							
3224	Fournitures administratives							
3225	Livres, disques, cassettes (bibliothèques, médiathèques)							
3226	Vêtements de travail							
3227	Fournitures scolaires							
3228	Autres fournitures consommables							
323	Alimentation							
33 EN-COURS DE PRODUCTION DE BIENS								
331	Produits en cours	x	010	040		010	040	
335	Travaux en cours							
3351	Terrains	x	010	040		010	040	
3354	Études et prestations de services	x	010	040		010	040	
3355	Travaux	x	010	040		010	040	
3358	Frais annexes	x	010	040		010	040	
33581	Frais accessoires		010	040		010	040	
33586	Frais financiers		010	040		010	040	
34 EN-COURS DE PRODUCTION DE SERVICES		x		040			040	
35 STOCKS DE PRODUITS								
351	Produits intermédiaires		010	040		010	040	
355	Produits finis							
3551	Produits finis (autres que terrains aménagés)	x	010	040		010	040	
3555	Terrains aménagés	x	010	040		010	040	
358	Produits résiduels		010	040		010	040	
37 STOCKS DE MARCHANDISES								
39 PROVISIONS POUR DÉPRÉCIATION DES STOCKS ET EN-COURS (uniquement si provisions budgétaires)								
391	Provisions pour dépréciation des matières premières (et fournitures)							
3911	Provisions pour dépréciation des matières premières (et fournitures)							
3912	Provisions pour dépréciation des matières premières (et fournitures)	x		040			040	
392	Provisions pour dépréciation des autres approvisionnements							
393	Provisions pour dépréciation des en-cours de production de biens							
3931	Provisions pour dépréciation des en-cours de production de biens							
3932	Provisions pour dépréciation des en-cours de production de biens	x		040			040	
394	Provisions pour dépréciation des en-cours de production de services							
3941	Provisions pour dépréciation des en-cours de production de services							
3942	Provisions pour dépréciation des en-cours de production de services	x		040			040	
395	Provisions pour dépréciation des stocks de produits							
3951	Provisions pour dépréciation des produits finis (autres que terrains aménagés)							
39511	Provisions pour dépréciation des produits finis (autres que terrains aménagés)							
39512	Provisions pour dépréciation des produits finis (autres que terrains aménagés)	x		040			040	
3955	Provisions pour dépréciation des terrains aménagés							
39551	Provisions pour dépréciation des terrains aménagés							
39552	Provisions pour dépréciation des terrains aménagés	x		040			040	
397	Provisions pour dépréciation des stocks de marchandises							

écritures sur la classe 3 sont financières.
écritures sur les comptes 39 sont financières.

lasse de comptes budgétaires sauf 32, 37, 392 et 397 et les comptes de provisions 3911, 3931, 3941, 39511, 39551.

Classe 4 – Comptes de tiers (1)

Comptes 2011		- 500 h	Dépenses			Recettes		
			R/M	OES	OIS	R/M	OES	C
40 FOURNISSEURS ET COMPTES RATTACHÉS								
401	Fournisseurs							
4011	Fournisseurs							
4017	Fournisseurs – Retenues de garantie, oppositions et pénalités de retard d'exécution des marchés							
40171	Fournisseurs – Retenues de garantie							
40172	Fournisseurs – Oppositions							
40173	Fournisseurs – Pénalités de retard d'exécution des marchés							
403	Fournisseurs – Lettres-change relevé (L.C.R.)							
404	Fournisseurs d'immobilisations							
4041	Fournisseurs d'immobilisations							
4047	Fournisseurs d'immobilisations – Retenues de garantie, oppositions et pénalités de retard d'exécution des marchés							
40471	Fournisseurs d'immobilisations – Retenues de garantie							
40472	Fournisseurs d'immobilisations – Oppositions							
40473	Fournisseurs d'immobilisations – Pénalités de retard d'exécution des marchés							
405	Fournisseurs d'immobilisations – Lettres-change relevé (L.C.R.)							
407	Différences de conversion – Fournisseurs							
4071	Différences de conversion – Fournisseurs							
4074	Différences de conversion – Fournisseurs d'immobilisations							
408	Fournisseurs – Factures non parvenues							
409	Fournisseurs débiteurs							
4091	Avances versées sur commande							
4097	Fournisseurs – Autres avoirs							
40971	Fournisseurs – Autres avoirs – Amiable							
40976	Fournisseurs – Autres avoirs – Contentieux							
4098	Rabais, remises, ristournes à obtenir et autres avoirs non encore reçus							
41 REDEVABLES ET COMPTES RATTACHÉS								
411	Redevables							
4111	Redevables – Amiable							
4116	Redevables – Contentieux							
412	Acquéreurs de terrains aménagés stockés							
4121	Acquéreurs de terrains aménagés stockés – Amiable							
4126	Acquéreurs de terrains aménagés stockés – Contentieux							
414	Locataires – Acquéreurs et locataires							
4141	Locataires – Acquéreurs et locataires – Amiable							
4146	Locataires – Acquéreurs et locataires – Contentieux							
415	Traites de coupe de bois (régime forestier)							
4151	Traites de coupe de bois (régime forestier) – Amiable							
4156	Traites de coupe de bois (régime forestier) – Contentieux							
416	Créances irrécouvrables admises par le juge des comptes							
417	Différences de conversion – Redevables							
418	Redevables et acquéreurs de terrains aménagés stockés – Produits non encore facturés							
4181	Redevables – Produits non encore facturés							
4182	Acquéreurs de terrains aménagés stockés – Produits non encore facturés							
419	Avances et acomptes reçus							
42 PERSONNEL ET COMPTES RATTACHÉS								
421	Personnel – Rémunérations dues							

(1) La classe 4 est une classe non budgétaire sauf les comptes 454, 456, 457, 458, 481, 4912 et 4962. Les comptes 4912 et 4962 sont budgétaires si la collectivité a opté po une gestion budgétaire des provisions.

Comptes 2011		- 500 h	Dépenses			Recettes		
			R/M	OES	OIS	R/M	OES	OIS
425	Personnel - Avances et acomptes [1]							
427	Personnel - Oppositions							
428	Personnel - Charges à payer et produits à recevoir							
4286	Autres charges à payer							
4287	Produits à recevoir							
429	Déficits et débets des comptables et régisseurs							
43 SÉCURITÉ SOCIALE ET AUTRES ORGANISMES SOCIAUX								
431	Sécurité sociale							
437	Autres organismes sociaux							
438	Organismes sociaux - Charges à payer et produits à recevoir							
4386	Autres charges à payer							
4387	Produits à recevoir							
44 ÉTAT ET AUTRES COLLECTIVITÉS PUBLIQUES								
441	État et autres collectivités publiques - Subventions à recevoir							
4411	État et autres collectivités publiques - Subventions à recevoir - Amiable							
4416	État et autres collectivités publiques - Subventions à recevoir - Contentieux							
442	État - Impôts et taxes recouvrables sur des tiers							
443	Opérations particulières avec l'État et les collectivités publiques							
4431	État							
44311	Dépenses							
44312	Recettes - Amiable							
44316	Recettes - Contentieux							
4432	Régions							
44321	Dépenses							
44322	Recettes - Amiable							
44326	Recettes - Contentieux							
4433	Départements							
44331	Dépenses							
44332	Recettes - Amiable							
44336	Recettes - Contentieux							
4434	Communes							
44341	Dépenses							
44342	Recettes - Amiable							
44346	Recettes - Contentieux							
4435	Groupements de collectivités							
44351	Dépenses							
44352	Recettes - Amiable							
44356	Recettes - Contentieux							
4436	Caisse des Écoles							
44361	Dépenses							
44362	Recettes - Amiable							
44366	Recettes - Contentieux							
4437	C.C.A.S.							
44371	Dépenses							
44372	Recettes - Amiable							
44376	Recettes - Contentieux							
4438	Autres services et organismes publics							
44381	Dépenses							
44382	Recettes - Amiable							
44386	Recettes - Contentieux							
445	État - Taxes sur le chiffre d'affaires							
4452	T.V.A. due intracommunautaire							
4455	Taxes sur le chiffre d'affaires à décaisser							
44551	T.V.A. à décaisser							
44558	Taxes assimilées à la T.V.A.							

[1] Avances et acomptes sur rémunérations des personnels recrutés sous contrat de droit privé et les avances sur frais de déplacement de l'ensemble du personnel.

Comptes 2011		- 500 h	Dépenses			Recettes		
			R/M	OES	OIS	R/M	OES	
4456	Taxes sur le chiffre d'affaires déductibles							
44562	T.V.A. sur immobilisations							
44566	T.V.A. sur autres biens et services							
44567	Crédit de T.V.A. à reporter							
44568	Taxes assimilées à la T.V.A.							
4457	Taxes sur le chiffre d'affaires collectées							
44571	T.V.A. collectée							
44578	Taxes assimilées à la T.V.A.							
4458	Taxes sur le chiffre d'affaires à régulariser ou en attente							
44581	Acomptes – Régime simplifié d'imposition							
44583	Remboursement de taxes sur le chiffre d'affaires demandé							
44585	T.V.A. à régulariser – Retenue de garantie							
44588	Autres taxes sur le chiffre d'affaires à régulariser ou en attente							
445884	T.V.A. déduite sur avances versées – Régime des encaissements							
445885	T.V.A. décaissée sur avances reçues – Régime des encaissements							
445886	T.V.A. à déduire lors du paiement – Régime des encaissements							
445888	Autres taxes sur le chiffre d'affaires à régulariser ou en attente							
447	Autres impôts, taxes et versements assimilés							
448	État – Charges à payer et produits à recevoir							
4486	Autres charges à payer							
4487	Produits à recevoir							
45 COMPTABILITÉ DISTINCTE RATTACHÉE								
451	Comptes de rattachement avec ... (à subdiviser par budget annexe)							
452	C.C.A.S. rattaché							
453	Caisse des Écoles rattachée							
454	Travaux effectués d'office pour le compte de tiers							
4541	Dépenses (1)	x	4541	040	041			
4542	Recettes (1)	x				4542	040	[illegible]
455	Recettes sur rôles pour le compte de tiers							
4551	Redevables sur rôles pour le compte de tiers							
4557	Produits sur rôle pour le compte de tiers							
4558	T.V.A. sur rôle pour le compte de tiers							
45581	T.V.A. sur rôle pour le compte de tiers – Prise en compte							
45582	T.V.A. sur rôle pour le compte de tiers – Encaissements							
4559	Versements sur rôle pour le compte de tiers							
45591	T.V.A. sur rôle pour le compte de tiers – Produits							
45592	T.V.A. sur rôle pour le compte de tiers – T.V.A.							
456	Opérations d'investissement sur établissements d'enseignement							
4561	Remis à la région							
45611	Dépenses (à subdiviser par mandat) (1)	x	45611	040	041			
45612	Recettes (à subdiviser par mandat) (1)	x				45612	040	[illegible]
4562	Remis au département							
45621	Dépenses (à subdiviser par mandat) (1)	x	45621	040	041			
45622	Recettes (à subdiviser par mandat) (1)	x				45622	040	[illegible]
457	Opérations d'investissement sur voirie communale effectuées par un groupement (pour les opérations dont la comptabilisation a débuté avant le 1er janvier 2002 ou le cas échéant le 1er janvier 2001)							
4571	Dépenses (à subdiviser par opération) (1)	x	4571	040	041			
4572	Recettes (à subdiviser par opération) (1)	x				4572	040	[illegible]
458	Opérations d'investissement sous mandat							
4581	Dépenses (à subdiviser par mandat)	x	4581	040	041			
4582	Recettes (à subdiviser par mandat)	x				4582	040	[illegible]

Les écritures sur les comptes 45 sont financières.

(1) Ce compte doit être subdivisé en autant de comptes que d'opérations pour comptes de tiers de cette catégorie. Les subdivisions s'obtiennent en complétant le n° de com[pte] avec les n° d'opérations pour comptes de tiers.

Comptes 2011		- 500 h	Dépenses			Recettes		
			R/M	OES	OIS	R/M	OES	OIS
46 DÉBITEURS ET CRÉDITEURS DIVERS								
461	Dons et legs en instance							
462	Créances sur cessions d'immobilisations							
4621	Créances sur cessions d'immobilisations - Amiable							
4626	Créances sur cessions d'immobilisations - Contentieux							
463	Emprunts souscrits dans le public gérés par la collectivité							
4631	Souscriptions reçues							
4632	Intérêts à payer							
4633	Titres amortis (ou capital) à rembourser							
464	Encaissements pour le compte de tiers							
4641	Coupes affouagères distribuées en nature							
4642	Coupes affouagères à répartir							
4643	Vacations encaissées à reverser							
4645	Fonds des bénéficiaires d'une MASP							
4648	Autres encaissements pour le compte de tiers							
465	Avances en garantie d'emprunt							
466	Excédents de versement							
467	Autres comptes débiteurs ou créditeurs							
4671	Autres comptes créditeurs							
4672	Autres comptes débiteurs							
46721	Débiteurs divers - Amiable							
46726	Débiteurs divers - Contentieux							
4673	Opérations avec des gérants d'immeubles et des régisseurs intéressés							
4677	Différences de conversion - Débiteurs ou créditeurs divers							
46771	Différences de conversion - Créditeurs divers							
46772	Différences de conversion - Débiteurs divers							
468	Divers - Charges à payer et produits à recevoir							
4686	Charges à payer							
4687	Produits à recevoir							
47 COMPTES TRANSITOIRES OU D'ATTENTE								
471	Recettes à classer ou à régulariser							
4711	Versements des régisseurs							
4712	Virements réimputés							
4713	Recettes perçues avant émission des titres							
47131	Versements sur contributions directes							
47132	Versements sur dotation globale de fonctionnement							
47133	Fonds d'emprunt							
47134	Subventions							
47138	Autres							
4714	Recettes à réimputer							
47141	Recettes perçues en excédent à réimputer							
471411	Excédent à réimputer - Personnes physiques							
471412	Excédent à réimputer - Personnes morales							
47142	Frais de saisie perçus avant prise en charge							
47143	Flux d'encaissement à réimputer							
4715	Recettes à ventiler - Carte multiservices							
4717	Recettes relevé banque de France							
47171	Recettes relevé banque de France - Hors CloHélios							
47172	Recettes relevé banque de France - CloHélios							
4718	Autres recettes à régulariser							
472	Dépenses à classer ou à régulariser							
4721	Dépenses réglées sans mandatement préalable							
47211	Remboursement d'annuités d'emprunts							

Comptes 2011		- 500 h	Dépenses			Recettes		
			R/M	OES	OIS	R/M	OES	O
47218	Autres dépenses							
4722	Commissions bancaires en instance de mandatement (carte bancaire)							
4725	Secours d'urgence							
4727	Avances pour achats de valeurs mobilières							
4728	Autres dépenses à régulariser							
475	Recettes sur rôle							
4751	Redevables sur rôle							
4757	Produits sur rôle							
4758	T.V.A. sur rôle							
4759	Versement du tiers en charge du rôle							
476	Différences de conversion – Actif							
4761	Diminution des créances							
47611	Diminution des prêts							
47612	Diminution d'autres créances							
4762	Augmentation des dettes							
47621	Augmentation d'emprunts et dettes assimilées							
47622	Augmentation d'autres dettes							
4768	Différences compensées par couverture de change							
477	Différences de conversion – Passif							
4771	Augmentation des créances							
47711	Augmentation des prêts							
47712	Augmentation d'autres créances							
4772	Diminution des dettes							
47721	Diminution d'emprunts et dettes assimilées							
47722	Diminution d'autres dettes							
4778	Différences compensées par couverture de change							
478	Autres comptes transitoires							
4781	Frais de poursuite rattachés							
4784	Arrondis sur déclaration de T.V.A.							
4788	Autres comptes transitoires							
48 COMPTES DE RÉGULARISATION								
481	Charges à répartir sur plusieurs exercices							
4812	Frais d'acquisition des immobilisations			040			040	
4816	Frais d'émission des emprunts			040			040	
4817	Pénalités de renégociation de la dette	x		040			040	
4818	Charges à étaler	x		040			040	
486	Charges constatées d'avance							
487	Produits constatés d'avance							
49 PROVISIONS POUR DÉPRÉCIATION DES COMPTES DE TIERS								
491	Provisions pour dépréciation des comptes de redevables							
4911	Provisions pour dépréciation des comptes de redevables							
4912	Provisions pour dépréciation des comptes de redevables	x		040			040	
496	Provisions pour dépréciation des comptes de débiteurs divers							
4961	Provisions pour dépréciation des comptes de débiteurs divers							
4962	Provisions pour dépréciation des comptes de débiteurs divers	x		040			040	

Les comptes 4912 et 4962 sont utilisés si la collectivité a opté pour une gestion budgétaire des provisions.
Les comptes des chapitres 48 et 49 sont habituellement utilisés en dépenses.
Les écritures sur les comptes 48 et 49 sont financières.

Classe 5 – Comptes financiers (1)

Comptes 2011		- 500 h	Dépenses			Recettes		
			R/M	OES	OIS	R/M	OES	OIS
50 VALEURS MOBILIÈRES DE PLACEMENT								
506	Obligations							
507	Bons du Trésor							
508	Autres valeurs mobilières et créances assimilées							
51 TRÉSOR, ÉTABLISSEMENTS FINANCIERS ET ASSIMILÉS								
511	Valeurs à l'encaissement							
5113	Titres spéciaux de paiement et assimilés à l'encaissement							
5115	Cartes bancaires à l'encaissement							
5116	TIP à l'encaissement							
5117	Valeurs impayées							
51172	Chèques impayés							
51175	Cartes bancaires impayés							
51176	TIP impayés							
51178	Autres valeurs impayées							
5118	Autres valeurs à l'encaissement							
515	Compte au Trésor							
516	Comptes de placements (court terme)							
5161	Comptes de placements rémunérés							
5162	Comptes à terme							
518	Intérêts courus							
5186	Intérêts courus à payer							
5187	Intérêts courus à recevoir							
519	Concours financiers à court terme							
5191	Avances du Trésor							
5192	Avances de trésorerie							
5193	Lignes de crédit de trésorerie							
51931	Lignes de crédit de trésorerie							
51932	Lignes de crédit de trésorerie liées à un emprunt							
5194	Billets de trésorerie							
5198	Autres crédits de trésorerie							
54 RÉGIES D'AVANCE ET ACCRÉDITIFS								
541	Disponibilités chez les régisseurs							
5411	Régisseurs d'avances (avances)							
5412	Régisseurs de recettes (fonds de caisse)							
542	Disponibilités chez d'autres tiers							
5421	Administrateurs de legs							
5428	Disponibilités chez d'autres tiers							
55 AVANCES DE TRÉSORERIE VERSÉES								
551	Avances à des établissements publics locaux							
5511	Avances aux hôpitaux							
5512	Avances aux EPCI en début d'activité							
552	Avances aux sociétés d'économie mixte							
553	Avances à des régies dotées de la seule autonomie financière							
558	Autres avances de trésorerie versées							
58 VIREMENTS INTERNES								
580	Opérations d'ordre budgétaires							
584	Encaissements par lecture optique							
586	Opérations financières entre le budget principal et ses budgets comptablement rattachés							
588	Autres virements internes							

Classe de compte non budgétaire sauf le 59 si provisions budgétaires.

Comptes 2011		- 500 h	Dépenses			Recettes		
			R/M	OES	OIS	R/M	OES	O
59 PROVISIONS POUR DÉPRÉCIATION DES COMPTES DE TIERS								
590	Provisions pour dépréciation des valeurs mobilières de placement							
5906	Obligations							
59061	Obligations							
59062	Obligations	x		040			040	
5908	Autres valeurs mobilières et créances assimilées							
59081	Autres valeurs mobilières et créances assimilées							
59082	Autres valeurs mobilières et créances assimilées	x		040			040	
595	Provisions pour dépréciation des avances de trésorerie versées							
5951	Provisions pour dépréciation des avances de trésorerie versées							
5952	Provisions pour dépréciation des avances de trésorerie versées	x		040			040	

Les comptes 59062, 59082 et 5952 sont utilisés si la collectivité a opté pour une gestion budgétaire des provisions.
Les comptes du chapitre 59 sont habituellement utilisés en recettes.
Les écritures sur les comptes 59 sont financières.

COMPTES DE RÉSULTAT

Classe 6 – Comptes de charges

Comptes 2011		- 500 h	Dépenses			Recettes		
			R/M	OES	OIS	R/M	OES	OIS
60 ACHATS ET VARIATION DES STOCKS								
601	Achats stockés – Matières premières (et fournitures)							
6011	Matières premières et fournitures autres que terrains		011					
6015	Terrains à aménager	x	011		043			
602	Achats stockés – Autres approvisionnements	x	011					
6021	Matières consommables		011					
6022	Fournitures consommables autres qu'alimentation							
60221	Combustibles et carburants		011					
60222	Produits d'entretien		011					
60223	Fournitures des ateliers municipaux		011					
60224	Fournitures administratives		011					
60225	Livres, disques, cassettes (bibliothèques, médiathèques)		011					
60226	Vêtements de travail		011					
60227	Fournitures scolaires		011					
60228	Autres fournitures consommables		011					
6023	Alimentation		011					
603	Variation des stocks (approvisionnements et marchandises)							
6031	Variation des stocks de matières premières (et fournitures)							
60311	Variation des stocks de matières premières et fournitures autres que de terrains	x		042	043		042	043
60315	Variation des stocks des terrains à aménager	x		042	043		042	043
6032	Variation des stocks des autres approvisionnements	x	011			013		
6037	Variation des stocks de marchandises	x	011			013		
604	Achats d'études, prestations de services (1)							
6041	Achats d'études (autres que terrains à aménager)	x	011					
6042	Achats de prestations de services (autres que terrains à aménager)	x	011					
6045	Achats d'études, prestations de services (terrains à aménager)	x	011		043			
605	Achats de matériel, équipements et travaux (1)	x	011		043			
606	Achats non stockés de matières et fournitures							
6061	Fournitures non stockables	x	011					
60611	Eau et assainissement		011					
60612	Énergie – Électricité		011					
60613	Chauffage urbain		011					
60618	Autres fournitures non stockables (2)		011					
6062	Fournitures non stockées							
60621	Combustibles	x	011					
60622	Carburants	x	011					
60623	Alimentation	x	011					
60624	Produits de traitement (EAU/ASS)	x	011					
60628	Autres fournitures non stockées	x	011					
6063	Fournitures d'entretien et de petit équipement							
60631	Fournitures d'entretien	x	011					
60632	Fournitures de petit équipement	x	011					
60633	Fournitures de voirie	x	011					
60636	Vêtements de travail	x	011					
6064	Fournitures administratives	x	011					

ıcorporés aux ouvrages, travaux et produits fabriqués et prestations de service.
le pouvant, par leur nature, être stockées.

Comptes 2011		- 500 h	Dépenses R/M	Dépenses OES	Dépenses OIS	Recettes R/M	Recettes OES	Recettes C
6065	Livres, disques, cassettes… (bibliothèques et médiathèques)	x	011					
6067	Fournitures scolaires	x	011					
6068	Autres matières et fournitures	x	011					
607	Achats de marchandises							
6071	Compteurs (EAU/ASS)	x	011					
6078	Autres marchandises	x	011					
608	Frais accessoires sur terrains en cours d'aménagement (1)	x	011		043			
609	Rabais, remises et ristournes obtenus sur achats	x				013		
6091	de matières premières (et fournitures)					013		
6092	d'autres approvisionnements stockés					013		
6094	d'études, de prestations de services					013		
6095	de matériel, d'équipements et de travaux					013		
6096	d'approvisionnements non stockés					013		
6097	de marchandises					013		
61 SERVICES EXTÉRIEURS								
611	Contrats de prestations de services avec des entreprises	x	011					
612	Redevances de crédit-bail	x	011					
6122	Crédit-bail mobilier		011					
6125	Crédit-bail immobilier		011					
613	Locations	x	011					
6132	Locations immobilières		011					
6135	Locations mobilières		011					
614	Charges locatives et de copropriété	x	011					
615	Entretien et réparations							
6152	Entretien et réparations sur biens immobiliers							
61521	Terrains	x	011					
61522	Bâtiments	x	011					
61523	Voies et réseaux	x	011					
61524	Bois et forêts	x	011					
6155	Entretien et réparations sur biens mobiliers							
61551	Matériel roulant	x	011					
61558	Autres biens mobiliers	x	011					
6156	Maintenance	x	011					
616	Primes d'assurances	x	011					
617	Études et recherches	x	011					
618	Divers	x	011					
6182	Documentation générale et technique		011					
6184	Versements à des organismes de formation		011					
6185	Frais de colloques et de séminaires		011					
6188	Autres frais divers		011					
619	Rabais, remises et ristournes obtenus sur services extérieurs	x				013		
62 AUTRES SERVICES EXTÉRIEURS								
621	Personnel extérieur au service	x	012					
6215	Personnel affecté par la collectivité de rattachement (2)		012					
6216	Personnel affecté par le GFP de rattachement		012					
6217	Personnel affecté par la commune membre du GFP		012					
6218	Autre personnel extérieur		012					

(1) Incorporés aux ouvrages, travaux et produits fabriqués.
(2) À ouvrir dans un budget annexe.

Comptes 2011		- 500 h	Dépenses			Recettes		
			R/M	OES	OIS	R/M	OES	OIS
622	Rémunérations d'intermédiaires et honoraires	x	011					
6225	Indemnités au comptable et aux régisseurs		011					
6226	Honoraires		011					
6227	Frais d'actes et de contentieux		011					
6228	Divers		011					
623	Publicité, publications, relations publiques	x	011					
6231	Annonces et insertions		011					
6232	Fêtes et cérémonies		011					
6233	Foires et expositions		011					
6236	Catalogues et imprimés		011					
6237	Publications		011					
6238	Divers		011					
624	Transports de biens et transports collectifs	x	011					
6241	Transports de biens		011					
6244	Transports administratifs		011					
6247	Transports collectifs		011					
6248	Divers		011					
625	Déplacements, missions et réceptions	x	011					
6251	Voyages et déplacements		011					
6255	Frais de déménagement		011					
6256	Missions		011					
6257	Réceptions		011					
626	Frais postaux et frais de télécommunications	x	011					
6261	Frais d'affranchissement		011					
6262	Frais de télécommunications		011					
627	Services bancaires et assimilés	x	011					
628	Divers							
6281	Concours divers (cotisations...)	x	011					
6282	Frais de gardiennage (églises, forêts et bois communaux...)	x	011					
6283	Frais de nettoyage des locaux	x	011					
6284	Redevances pour services rendus	x	011					
62841	Redevances d'archéologie préventive		011					
62848	Redevances pour autres prestations de service		011					
6287	Remboursements de frais	x	011					
62871	à la collectivité de rattachement [1]		011					
62872	aux budgets annexes et aux régies municipales		011					
62873	au CCAS		011					
62874	à la Caisse des Écoles		011					
62875	aux communes membres du GFP		011					
62876	à un GFP de rattachement		011					
62878	à d'autres organismes		011					
6288	Autres services extérieurs	x	011					
629	Rabais, remises et ristournes obtenus sur autres services extérieurs	x				013		
63 IMPÔTS, TAXES ET VERSEMENTS ASSIMILÉS								
631	Impôts, taxes et versements assimilés sur rémunérations (administration des impôts)	x	012					
633	Impôts, taxes et versements assimilés sur rémunérations (autres organismes)	x	012					

ouvrir dans un budget annexe.

Comptes 2011		- 500 h	Dépenses			Recette	
			R/M	OES	OIS	R/M	OES
6331	Versement de transport		012				
6332	Cotisations versées au F.N.A.L.		012				
6333	Participation des employeurs à la formation professionnelle continue		012				
6336	Cotisations au centre national et aux centres de gestion de la fonction publique territoriale		012				
6338	Autres impôts, taxes et versements assimilés sur rémunérations		012				
635	Autres impôts, taxes et versements assimilés (administration des impôts)	x	011				
6351	Impôts directs						
63512	Taxes foncières		011				
63513	Autres impôts locaux		011				
6353	Impôts indirects		011				
6354	Droits d'enregistrement et de timbre		011				
6355	Taxes et impôts sur les véhicules		011				
6358	Autres droits		011				
637	Autres impôts, taxes et versements assimilés (autres organismes)	x	011				
64 CHARGES DE PERSONNEL							
641	Rémunérations du personnel						
6411	Personnel titulaire (1)	x	012				
64111	Rémunération principale		012				
64112	NBI, supplément familial de traitement et indemnité de résidence		012				
64116	Indemnités de préavis et de licenciement		012				
64118	Autres indemnités		012				
6413	Personnel non titulaire (1)	x	012				
64131	Rémunérations		012				
64136	Indemnités de préavis et de licenciement		012				
64138	Autres indemnités		012				
6416	Emplois d'insertion						
64161	Emplois jeunes	x	012				
64168	Autres emplois d'insertion	x	012				
6417	Rémunérations des apprentis (2)	x	012				
6419	Remboursements sur rémunérations du personnel	x				013	
645	Charges de sécurité sociale et de prévoyance						
6450	Charges de sécurité sociale et de prévoyance (< 500 h)	x	012				
6451	Cotisations à l'U.R.S.S.A.F.		012				
6453	Cotisations aux caisses de retraites		012				
6454	Cotisations aux A.S.S.E.D.I.C.		012				
6455	Cotisations pour assurance du personnel		012				
6456	Versement au F.N.C. du supplément familial		012				
6457	Cotisations sociales liées à l'apprentissage		012				
6458	Cotisations aux autres organismes sociaux		012				
6459	Remboursement sur charges de sécurité sociale et de prévoyance	x				013	
647	Autres charges sociales						
6470	Autres charges sociale (< 500 h)	x	012				
6471	Prestations versées pour le compte du F.N.A.L.		012				
6472	Prestations familiales directes		012				

(1) Les communes et groupements de moins de 3 500 habitants n'utilisent que les subdivisions à 4 chiffres.
(2) Circulaire du 21/04/1994. La participation de l'État s'inscrit au compte 74178, le coût de la formation des apprentis pris en charge par la collectivité au compte 6184.

Comptes 2011		- 500 h	Dépenses			Recettes		
			R/M	OES	OIS	R/M	OES	OIS
6473	Allocations de chômage							
64731	Versées directement		012					
64732	Versées aux A.S.S.E.D.I.C.		012					
6474	Versement aux autres œuvres sociales		012					
6475	Médecine du travail, pharmacie		012					
6478	Autres charges sociales diverses		012					
6479	Remboursements sur autres charges sociales	x				013		
648	Autres charges de personnel							
6480	Autres charges de personnel (< 500 h)	x	012					
6483	Cessation progressive d'activité							
64831	Indemnités aux agents		012					
64832	Contributions aux fonds de compensation de cessation progressive d'activité		012					
6488	Autres charges		012					
6489	Remboursements au titre du fonds de compensation de cessation progressive d'activité	x				013		
65 AUTRES CHARGES DE GESTION COURANTE								
651	Redevances pour concessions, brevets, licences, procédés, logiciels, droits et valeurs similaires	x	65					
652	Déficit ou excédent des budgets annexes à caractère administratif							
6521	Déficit des budgets annexes à caractère administratif	x	65					
6522	Reversement de l'excédent des budgets annexes à caractère administratif au budget principal (1)	x	65					
653	Indemnités et frais de mission et de formation des maires, adjoints et conseillers							
6531	Indemnités	x	65					
6532	Frais de mission	x	65					
6533	Cotisations de retraite	x	65					
6534	Cotisations de sécurité sociale – part patronale	x	65					
6535	Formation	x	65					
6536	Frais de représentation du maire	x	65					
6537	Compensations pour perte de revenus							
65371	Compensations pour formation	x	65					
65372	Cotisations au fonds de financement de l'allocation de fin de mandat		65					
654	Pertes sur créances irrécouvrables	x	65					
655	Contingents et participations obligatoires							
6551	Police d'État		65					
6552	Aide sociale du département	x	65					
6553	Service d'incendie	x	65					
6554	Contributions aux organismes de regroupement	x	65					
6555	Contributions au C.N.F.P.T. (personnel privé d'emploi)	x	65					
6556	Indemnités de logement aux instituteurs	x	65					
6557	Contributions au titre de la politique de l'habitat	x	65					
6558	Autres contributions obligatoires	x	65					
656 FRAIS DE FONCTIONNEMENT DES GROUPES D'ÉLUS (2)								
6561	Frais de personnel		656					
6562	Matériel, équipement et fournitures		656					

ouvrir dans un budget annexe.
rticle 27 de la loi n° 95-65 du 19 janvier 1995 relative au financement de la vie politique. Chapitre réservé aux communes de plus de 100 000 habitants.

Comptes 2011		- 500 h	Dépenses R/M	Dépenses OES	Dépenses OIS	Recettes R/M	Recettes OES
657	Subventions de fonctionnement versées						
6573	Subventions de fonctionnement aux organismes publics	x	65				
65731	État		65				
65732	Régions		65				
65733	Départements		65				
65734	Communes						
657341	Communes membres du GFP		65				
657348	Autres communes		65				
65735	Groupement de collectivités						
657351	GFP de rattachement		65				
657358	Autres groupements		65				
65736	Établissements et services rattachés						
657361	Caisse des Écoles		65				
657362	CCAS		65				
657363	À caractère administratif		65				
657364	À caractère industriel et commercial		65				
65737	Autres établissements publics locaux		65				
65738	Autres organismes publics		65				
6574	Subventions de fonctionnement aux associations et autres personnes de droit privé	x	65				
658	Charges diverses de la gestion courante	x	65				
66 CHARGES FINANCIÈRES							
661	Charges d'intérêts						
6611	Intérêts des emprunts et dettes						
66111	Intérêts réglés à l'échéance	x	66	042			
66112	Intérêts – Rattachement des intérêts courus non échus	x	66				
66113	Remboursements d'intérêts d'emprunts transférés						
661131	Aux communes membres du GFP		66	042			
661132	Au GFP de rattachement		66	042			
661133	À la collectivité ou à l'établissement de rattachement		66	042			
661138	À d'autres tiers		66	042			
6615	Intérêts des comptes courants et de dépôts créditeurs		66				
6616	Intérêts bancaires et sur opérations de financement (escompte…)		66				
6618	Intérêts des autres dettes	x	66				
665	Escomptes accordés		66				
666	Pertes de change		66	042			
667	Charges nettes sur cessions de valeurs mobilières de placement	x	66				
668	Autres charges financières	x	66	042			
67 CHARGES EXCEPTIONNELLES							
671	Charges exceptionnelles sur opérations de gestion						
6711	Intérêts moratoires et pénalités sur marchés	x	67				
6712	Amendes fiscales et pénales	x	67				
6713	Secours et dots	x	67				
6714	Bourses et prix	x	67				
6718	Autres charges exceptionnelles sur opérations de gestion	x	67				
673	Titres annulés (sur exercices antérieurs)	x	67	042			
674	Subventions de fonctionnement exceptionnelles						
6743	Subventions de fonctionnement (versées par les groupements)		67				
6744	Subventions aux SPIC (autres que les services de transport, d'eau et d'assainissement)	x	67				
67441	aux budgets annexes et aux régies dotées de la seule autonomie financière		67				

Comptes 2011		- 500 h	Dépenses			Recettes		
			R/M	OES	OIS	R/M	OES	OIS
67442	aux régies dotées de la personnalité morale		67					
67443	aux fermiers et concessionnaires		67					
67444	aux syndicats exploitant un SPIC		67					
6745	Subventions aux personnes de droit privé	x	67					
6748	Autres subventions exceptionnelles	x	67	042				
675	Valeurs comptables des immobilisations cédées	x		042				
676	Différences sur réalisations (positives) transférées en investissement	x		042				
678	Autres charges exceptionnelles	x	67	042				
68 DOTATIONS AUX AMORTISSEMENTS ET PROVISIONS								
681	Dotations aux amortissements et aux provisions - Charges de fonctionnement courant	x	68	042				
6811	Dotations aux amortissements des immobilisations incorporelles et corporelles			042				
6812	Dotations aux amortissements des charges de fonctionnement à répartir			042				
6815	Dotations aux provisions pour risques et charges de fonctionnement courant		68	042				
6816	Dotations aux provisions pour dépréciation des immobilisations incorporelles et corporelles		68	042				
6817	Dotations aux provisions pour dépréciation des actifs circulants		68	042				
686	Dotations aux amortissements et aux provisions - Charges financières	x	68	042				
6861	Dotations aux amortissements des primes de remboursement des obligations			042				
6862	Dotations aux amortissements des charges financières à répartir			042				
6865	Dotations aux provisions pour risques et charges financiers		68	042				
6866	Dotations aux provisions pour dépréciation des éléments financiers		68	042				
687	Dotations aux amortissements et aux provisions - Charges exceptionnelles	x	68	042				
6871	Dotations aux amortissements exceptionnels des immobilisations			042				
6875	Dotations aux provisions pour risques et charges exceptionnels		68	042				
6876	Dotations aux provisions pour dépréciations exceptionnelles		68	042				

Classe 7 – Comptes de produits

Comptes 2011			- 500 h	Dépenses			Recettes		
				R/M	OES	OIS	R/M	OES	O
70 PRODUITS DES SERVICES, DU DOMAINE ET VENTES DIVERSES									
701	Ventes de produits finis								
7011	Ventes d'eau	(EAU/ASS)	x				70		
7012	Taxes et redevances d'eau	(EAU/ASS)							
70124	Redevance pour pollution d'origine domestique	(EAU/ASS)							
701241	Redevance pour pollution d'origine domestique	(EAU/ASS)	x				70		
701249	Reversement de la redevance pour pollution d'origine domestique	(EAU/ASS)	x	014					
70128	Autres taxes et redevances d'eau	(EAU/ASS)	x				70		
7013	Ventes de produits résiduels	(EAU/ASS)	x				70		
7015	Ventes de terrains aménagés (1)		x				70		
7018	Autres ventes de produits finis		x				70		
702	Ventes de récoltes et de produits forestiers								
7021	Ventes de récoltes		x				70		
7022	Coupes de bois (2)		x				70		
7023	Menus produits forestiers		x				70		
7024	Remboursement forfaitaire T.V.A.		x				70		
7025	Taxes d'affouage		x				70		
7028	Autres produits agricoles et forestiers		x				70		
703	Redevances et recettes d'utilisation du domaine								
7031	Concessions et redevances funéraires								
70311	Concession dans les cimetières (produit net)		x				70		
70312	Redevances funéraires		x				70		
7032	Droits de permis de stationnement et de location sur la voie publique, les rivières, les ports et quais fluviaux et autres lieux publics		x				70		
70321	Droits de stationnement et de location sur la voie publique						70		
70322	Droits de stationnement et de location sur le domaine public portuaire et fluvial						70		
70323	Redevance d'occupation du domaine public communal						70		
70328	Autres droits de stationnement et de location						70		
7033	Redevances pour appareils distributeurs d'essence		x				70		
7034	Péage, droit de pesage, mesurage et jaugeage		x				70		
7035	Locations de droits de chasse et de pêche		x				70		
7036	Taxes de pâturage et de tourbage		x				70		
7037	Contribution pour dégradation des voies et chemins		x				70		
7038	Autres redevances et recettes d'utilisation du domaine								
70381	Taxe de pavage et de trottoirs						70		
70382	Redevances de ski de fond		x				70		
70388	Autres redevances et recettes diverses		x				70		
70389	Reversements sur redevance de ski de fond		x	014					
704	Travaux		x				70		
705	Études						70		
706	Prestations de services								
7061	Redevances d'enlèvement des ordures et des déchets								
70610	Redevances d'enlèvement des ordures ménagères (< 500 h)		x				70		
70611	Redevances d'enlèvement des ordures ménagères						70		
70612	Redevances spéciales d'enlèvement des ordures						70		
70613	Abonnement ou redevance pour enlèvement des déchets industriels et commerciaux						70		
70619	Reversement sur redevances d'enlèvement des ordures et des déchets		x	014					
7062	Redevances et droits des services à caractère culturel		x				70		
7063	Redevances et droits des services à caractère sportif et de loisirs		x				70		
70631	Redevances à caractère sportif						70		
70632	Redevances à caractère de loisirs						70		

(1) Compte ouvert en cas de réalisation de lotissement.
(2) Dans les bois et forêts visés à l'article L. 111-1 du Code forestier.

Comptes 2011		- 500 h	Dépenses			Recettes		
			R/M	OES	OIS	R/M	OES	OIS
7064	Taxes de désinfection (services d'hygiène)	x				70		
7065	Droits de port et de navigation (autres que stationnement et location)					70		
7066	Redevances et droits des services à caractère social	x				70		
7067	Redevances et droits des services périscolaires et d'enseignement	x				70		
7068	Autres redevances et droits							
70681	Redevances d'assainissement collectif et pour modernisation des réseaux de collecte (EAU/ASS)							
706811	Redevance d'assainissement collectif (EAU/ASS)	x				70		
706812	Redevance pour modernisation des réseaux de collecte (EAU/ASS)							
7068121	Redevance pour modernisation des réseaux de collecte (EAU/ASS)	x				70		
7068129	Reversement de la redevance pour modernisation des réseaux de collecte (EAU/ASS)	x	014					
70682	Location de compteurs (EAU/ASS)	x				70		
70683	Produits des commissions pour recouvrement de la redevance d'assainissement (EAU/ASS)	x				70		
70684	Redevances d'archéologie préventive	x				70		
70688	Autres prestations de services	x				70		
707	Ventes de marchandises							
7071	Compteurs (EAU/ASS)	x				70		
7078	Autres marchandises	x				70		
708	Autres produits							
7081	Produits des services exploités dans l'intérêt du personnel					70		
7082	Commissions					70		
7083	Locations diverses (autres qu'immeubles)					70		
7084	Mise à disposition de personnel facturée	x				70		
70841	aux budgets annexes, régies municipales, CCAS et Caisse des Écoles					70		
70845	aux communes membres du GFP					70		
70846	au GFP de rattachement					70		
70848	aux autres organismes					70		
7087	Remboursement de frais	x				70		
70871	par la collectivité de rattachement (1)					70		
70872	par les budgets annexes et les régies municipales					70		
70873	par les C.C.A.S.					70		
70874	par les Caisses des Écoles					70		
70875	par les communes membres du GFP					70		
70876	par le GFP de rattachement					70		
70878	par d'autres redevables					70		
7088	Autres produits d'activités annexes (abonnements et ventes d'ouvrages...)	x				70		
71 PRODUCTION STOCKÉE (OU DÉSTOCKAGE)								
713	Variation des stocks (en-cours de production, produits)							
7133	Variation des en-cours de production de biens	x		042	043		042	043
7134	Variation des en-cours de production de services	x		042	043		042	043
7135	Variation des stocks de produits							
71351	Variation des stocks de produits autres que terrains	x		042	043		042	043
71355	Variation des stocks de terrains aménagés	x		042	043		042	043
72 TRAVAUX EN RÉGIE		x					042	
721	Immobilisations incorporelles						042	
722	Immobilisations corporelles						042	
73 IMPÔTS ET TAXES								
731	Impôts locaux	x				73		
7311	Contributions directes					73		
7318	Autres impôts locaux ou assimilés					73		

(1) À ouvrir dans un budget annexe ou une régie à seule autonomie financière.

	Comptes 2011		- 500 h	Dépenses			Recettes	
				R/M	OES	OIS	R/M	OES
M-	732	Fiscalité reversée	x				73	
N-	7321	Attribution de compensation	x				73	
N-	7322	Dotation de solidarité communautaire	x				73	
N	7323	F.N.G.I.R.	x				73	
N-	7328	Autres reversements de fiscalité	x				73	
	733	Taxes pour utilisation des services publics et du domaine	x				73	
	7331	Taxes d'enlèvement des ordures ménagères					73	
	7332	Taxes de balayage					73	
	7333	Taxes funéraires					73	
	7334	Taxes sur les passagers					73	
	7336	Droits de place					73	
	7337	Droits de stationnement					73	
	7338	Autres taxes					73	
	734	Taxes et participations liées à l'urbanisation et à l'environnement						
	7342	Versement de transport	x				73	
	7343	Taxes sur les pylônes électriques	x				73	
	7344	Taxes sur les déchets stockés	x				73	
	7345	Taxes sur les eaux pluviales	x				73	
	735	Impôts et taxes spécifiques liés à la production énergétique et industrielle						
	7351	Taxes sur l'électricité	x				73	
	7353	Redevance des mines	x				73	
	7354	Surtaxe sur les eaux minérales	x				73	
	7355	Taxes sur l'énergie hydraulique	x				73	
	736	Impôts et taxes spécifiques liés aux activités de services						
	7362	Taxes de séjour	x				73	
	7363	Impôt sur les spectacles	x				73	
	7364	Prélèvement sur les produits des jeux dans les casinos					73	
	7366	Taxes sur les remontées mécaniques	x				73	
	7368	Taxes locales sur la publicité extérieure	x				73	
	737	Impôts et taxes d'Outre-Mer						
	7371	Taxes sur les rhums	x				73	
	7372	Taxes sur les carburants	x				73	
	7373	Octroi de mer	x				73	
	7378	Autres impôts et taxes d'Outre-Mer	x				73	
	738	Autres taxes						
	7381	Taxes additionnelles aux droits de mutation ou à la taxe de publicité foncière	x				73	
	7382	Permis de chasser	x				73	
	7388	Autres taxes diverses	x				73	
	739	Reversements et restitutions sur impôts et taxes						
	7391	Reversements et restitutions sur impôts locaux						
	73911	Reversements et restitutions sur contributions directes						
N-	739111	Attribution de compensation	x	014				
N-	739112	Dotation de solidarité communautaire	x	014				
	739113	Reversements conventionnels de fiscalité	x	014				
	739114	Fonds de solidarité Île-de-France		014				
	739115	Prélèvement au titre de l'article 55 de la loi SRU		014				
N	739116	Reversement sur F.N.G.I.R.	x	014				
	739117	Restitutions au titre des dégrèvements à la charge des collectivités locales						
	7391171	Dégrèvement de taxe foncière sur les propriétés non bâties en faveur des jeunes agriculteurs	x	014				
	7391172	Dégrèvement de taxe d'habitation sur les logements vacants	x	014				
M	7391173	Dégrèvement au titre du plafonnement de la TP et de la CET sur la valeur ajoutée	x	014				
	7391178	Autres restitutions au titre de dégrèvements sur contributions directes	x	014				

Comptes 2011		- 500 h	Dépenses			Recettes		
			R/M	OES	OIS	R/M	OES	OIS
739118	Autres reversements de fiscalité	x	014					
73918	Autres reversements sur impôts locaux ou assimilés		014					
7394	Reversements de taxes et participations liées à l'urbanisation et à l'environnement							
73942	Reversement sur taxe de versement de transport	x	014					
73945	Reversement sur taxe sur les eaux pluviales	x	014					
7396	Reversement sur impôts sur les spectacles (CCAS)	x	014					
7398	Reversements, restitutions et prélèvements divers	x	014					
74 DOTATIONS ET PARTICIPATIONS								
741	D.G.F.							
7411	Dotation forfaitaire	x				74		
7412	Dotation d'aménagement							
74121	Dotation de solidarité rurale	x				74		
74123	Dotation de solidarité urbaine					74		
74124	Dotation d'intercommunalité					74		
74126	Dotation de compensation des groupements de communes	x				74		
74127	Dotation nationale de péréquation	x				74		
7413	D.G.F. des permanents syndicaux					74		
7419	Reversements sur D.G.F.	x	014					
742	Dotations aux élus locaux	x				74		
743	Dotation de solidarité : fonds de solidarité des communes de la région Île-de-France					74		
744	Dotations : régularisation de l'exercice écoulé	x				74		
745	Dotation spéciale au titre des instituteurs	x				74		
746	Dotation générale de décentralisation	x				74		
747	Participations							
7471	État							
74711	Emploi jeunes	x				74		
74718	Autres	x				74		
7472	Régions					74		
7473	Départements					74		
7474	Communes							
74741	Communes membres du GFP					74		
74748	Autres communes					74		
7475	Groupement de collectivités							
74751	GFP de rattachement					74		
74758	Autres groupements					74		
7476	CCAS et Caisses des Écoles					74		
7477	Budget communautaire et fonds structurels					74		
7478	Autres organismes	x				74		
748	Autres attributions et participations							
7481	Attributions sur le versement représentatif d'impôt sur les spectacles					74		
7482	Compensation pour perte de taxe additionnelle aux droits de mutation ou à la taxe de publicité foncière					74		
7483	Attributions de péréquation et de compensation							
74831	Dotations et compensation relatives à la taxe professionnelle							
748311	Compensation des pertes de bases d'imposition à la taxe professionnelle	x				74		
748313	Dotation de compensation de la réforme de la taxe professionnelle	x				74		
748314	Dotation unique des compensations spécifiques à la taxe professionnelle	x				74		
74832	Attribution du fonds départemental de la taxe professionnelle	x				74		
74833	État - Compensation au titre de la Contribution Économique Territoriale	x				74		
74834	État - Compensation au titre des exonérations des taxes foncières	x				74		
74835	État - Compensation au titre des exonérations de taxe d'habitation	x				74		

	Comptes 2011		- 500 h	Dépenses			Recettes	
				R/M	OES	OIS	R/M	OES
M	74837	Dotations de développement						
N	748371	Dotation d'équipement des territoires ruraux	x				74	
N	748372	Dotation de développement urbain						
	74838	Autres attributions de péréquation et de compensation	x				74	
	7484	Dotation de recensement	x				74	
	7485	Dotation pour les titres sécurisés	x				74	
	7487	Dotations des arrondissements ou des communes associées (1)						
	74871	Dotation d'animation locale						
	748711	Dotation d'animation locale reçue					74	
	748719	Dotation d'animation locale versée		014				
	74872	Dotation de gestion locale						
	748721	Dotation de gestion locale reçue					74	
	748729	Dotation de gestion locale versée		014				
	7488	Autres attributions et participations	x				74	
	7489	Reversement et restitution sur autres attributions et participations	x	014				
	75 AUTRES PRODUITS DE GESTION COURANTE							
	751	Redevances pour concessions, brevets, licences, marques, procédés, logiciels, droits et valeurs similaires	x				75	
	752	Revenus des immeubles	x				75	042
	754	Redevances pour défaut de branchement à l'égout (EAU/ASS)	x				75	
	755	Excédent ou déficit des budgets annexes à caractère administratif						
	7551	Excédent des budgets annexes à caractère administratif	x				75	
	7552	Prise en charge du déficit du budget annexe à caractère administratif par le budget principal (2)	x				75	
	756	Excédents reversés par les régies à caractère industriel et commercial						
	7561	Régies dotées de la seule autonomie financière					75	
	7562	Régies dotées de la personnalité morale					75	
	757	Redevances versées par les fermiers et concessionnaires	x				75	
	758	Produits divers de gestion courante	x				75	042
	76 PRODUITS FINANCIERS							
	761	Produits de participations	x				76	
	762	Produits des autres immobilisations financières						
	7621	Produits des autres immobilisations financières – encaissés à l'échéance	x				76	042
	7622	Produits des autres immobilisations financières – rattachement des ICNE	x				76	
	7623	Remboursement d'intérêts d'emprunts transférés						
	76231	par les communes membres du GFP					76	042
	76232	par le GFP de rattachement					76	042
	76233	par leurs BA et régies à seule autonomie financière					76	042
	76238	par d'autres tiers					76	042
	764	Revenus des valeurs mobilières de placement	x				76	
	765	Escomptes obtenus					76	
	766	Gains de change					76	042
	767	Produits nets sur cession de valeurs mobilières de placement	x				76	
	768	Autres produits financiers	x				76	042
	77 PRODUITS EXCEPTIONNELS							
	771	Produits exceptionnels sur opérations de gestion						
	7711	Dédits et pénalités perçus					77	
	7713	Libéralités reçues	x				77	
	7714	Recouvrement sur créances admises en non valeur	x				77	
	7718	Autres produits exceptionnels sur opérations de gestion	x				77	
	773	Mandats annulés (sur exercices antérieurs) ou atteints par la déchéance quadriennale	x				77	042

(1) Application de la loi n° 82-1169 du 31/12/1982 relative à l'organisation administrative de Paris, Marseille et Lyon et des EPCI concernant le régime financier des conseils d'arrondissement et des communes associées.
(2) À ouvrir dans un budget annexe.

Comptes 2011		- 500 h	Dépenses			Recettes		
			R/M	OES	OIS	R/M	OES	OIS
774	Subventions exceptionnelles	x				77		
775	Produits des cessions d'immobilisations	x				77		
776	Différences sur réalisations (négatives) reprises au compte de résultat	x					042	
777	Quote-part des subventions d'investissement transférée au compte de résultat	x					042	
778	Autres produits exceptionnels							
7785	Excédent d'investissement transféré au compte de résultat	x					042	
7788	Produits exceptionnels divers	x				77	042	
78 REPRISES SUR AMORTISSEMENTS ET PROVISIONS								
781	Reprises sur amortissements et provisions – Produits de fonctionnement courant	x				78	042	
7811	Reprises sur amortissements des immobilisations incorporelles et corporelles						042	
7815	Reprises sur provisions pour risques et charges de fonctionnement courant					78	042	
7816	Reprises sur provisions pour dépréciation des immobilisations incorporelles et corporelles					78	042	
7817	Reprises sur provisions pour dépréciation des actifs circulants					78	042	
786	Reprises sur provisions – Produits financiers	x				78	042	
7865	Reprises sur provisions pour risques et charges financiers					78	042	
7866	Reprises sur provisions pour dépréciation des éléments financiers					78	042	
787	Reprises sur provisions – Produits exceptionnels	x				78	042	
7875	Reprises sur provisions pour risques et charges exceptionnels					78	042	
7876	Reprises sur provisions pour dépréciations exceptionnelles					78	042	
79 TRANSFERTS DE CHARGES								
791	Transferts de charges de gestion courante	x					042	043
796	Transferts de charges financières	x					042	043
797	Transferts de charges exceptionnelles	x					042	043

COMPTES SPÉCIAUX

Classe 8 – Comptes spéciaux (1)

Comptes 2011		- 500 h	Dépenses			Recettes		
			R/M	OES	OIS	R/M	OES	OIS
80 ENGAGEMENTS HORS BILAN								
801	Engagements donnés par la collectivité ou l'établissement							
8015	Engagements sur garanties d'emprunts							
8016	Redevances de crédit-bail restant à courir							
80161	Crédit-bail mobilier							
80165	Crédit-bail immobilier							
8017	Subventions à verser par annuités (annuités restant à courir)							
8018	Autres engagements donnés							
802	Engagements reçus par la collectivité ou l'établissement							
8026	Redevances de crédit-bail restant à recevoir							
80265	Crédit-bail immobilier							
8027	Subventions à recevoir par annuités (annuités restant à recevoir)							
8028	Autres engagements reçus							
86 VALEURS INACTIVES								
861	Comptes de position : titres et valeurs en portefeuille							
862	Comptes de position : titres et valeurs chez les correspondants							
863	Comptes de prise en charge							

lasse de comptes non budgétaires et hors bilan.

Nomenclature fonctionnelle des communes

0	**Services Généraux des Administrations Publiques Locales**
01	Opérations non ventilables
02	Administration générale
020	Administration générale de la collectivité
021	Assemblée locale
022	Administration générale de l'État
023	Information, communication, publicité
024	Fêtes et cérémonies
025	Aides aux associations (non classées ailleurs)
026	Cimetières et pompes funèbres
03	Justice
04	Coopération décentralisée, actions européennes et internationales
041	Subvention globale
048	Autres actions de coopération décentralisée
1	**Sécurité et salubrité publiques**
11	Sécurité intérieure
110	Services communs
111	Police nationale
112	Police municipale
113	Pompiers, incendies et secours
114	Autres services de protection civile
12	Hygiène et salubrité publique
2	**Enseignement – Formation**
20	Services communs
21	Enseignement primaire
211	Écoles maternelles
212	Écoles primaires
213	Classes regroupées
22	Enseignement du deuxième degré
23	Enseignement supérieur
24	Formation continue
25	Services annexes de l'enseignement
251	Hébergement et restauration scolaire
252	Transports scolaires
253	Sport scolaire
254	Médecine scolaire
255	Classes de découverte et autres services annexes de l'enseignement

Pour les collectivités de plus de 10 000 habitants, l'utilisation des fonctions les plus détaillées (en blanc dans le document) est obligatoire.
Pour les collectivités entre 3 500 et 10 000 habitants, seule la fonction à 1 chiffre est obligatoire (excepté le 01 à deux chiffres).

3	**Culture**
30	Services communs
31	Expression artistique
311	Expression musicale, lyrique et chorégraphique
312	Arts plastiques et autres activités artistiques
313	Théâtres
314	Cinémas et autres salles de spectacles
32	Conservation et diffusion des patrimoines
321	Bibliothèques et médiathèques
322	Musées
323	Archives
324	Entretien du patrimoine culturel
33	Action culturelle

4	**Sport et jeunesse**
40	Services communs
41	Sports
411	Salles de sport, gymnases
412	Stades
413	Piscines
414	Autres équipements sportifs ou de loisirs
415	Manifestations sportives
42	Jeunesse
421	Centres de loisirs
422	Autres activités pour les jeunes
423	Colonies de vacances

5	**Interventions sociales et santé**
51	Santé
510	Services communs
511	Dispensaires et autres établissements sanitaires
512	Actions de prévention sanitaire
52	Interventions sociales
520	Services communs
521	Services à caractère social pour handicapés et inadaptés
522	Actions en faveur de l'enfance et de l'adolescence
523	Actions en faveur des personnes en difficulté
524	Autres services

les collectivités de plus de 10 000 habitants, l'utilisation des fonctions les plus détaillées (en blanc dans le document) est obligatoire.
les collectivités entre 3 500 et 10 000 habitants, seule la fonction à 1 chiffre est obligatoire (excepté le 01 à deux chiffres).

6	**Famille**
60	Services communs
61	Services en faveur des personnes âgées
62	Actions en faveur de la maternité
63	Aides à la famille
64	Crèches et garderies

7	**Logement**
70	Services communs
71	Parc privé de la ville
72	Aide au secteur locatif
73	Aides à l'accession à la propriété

8	**Aménagement et services urbains, environnement**
81	Services urbains
810	Services communs
811	Eau et assainissement
812	Collecte et traitement des ordures ménagères
813	Propreté urbaine
814	Éclairage public
815	Transports urbains
816	Autres réseaux et services divers
82	Aménagement urbain
820	Services communs
821	Équipements de voirie
822	Voirie communale et routes
823	Espaces verts urbains
824	Autres opérations d'aménagement urbain
83	Environnement
830	Services communs
831	Aménagement des eaux
832	Actions spécifiques de lutte contre la pollution
833	Préservation du milieu naturel

9	**Action économique**
90	Interventions économiques
91	Foires et marchés
92	Aides à l'agriculture et aux industries agro-alimentaires
93	Aides à l'énergie, aux industries manufacturières et au bâtiment et travaux publics
94	Aides au commerce et aux services marchands
95	Aides au tourisme
96	Aides aux services publics

Pour les collectivités de plus de 10 000 habitants, l'utilisation des fonctions les plus détaillées (en blanc dans le document) est obligatoire.
Pour les collectivités entre 3 500 et 10 000 habitants, seule la fonction à 1 chiffre est obligatoire (excepté le 01 à deux chiffres).

0	**Services Généraux**
01	Opérations non ventilables
02	Administration générale du CCAS
5	**Interventions sociales et santé**
52	Interventions sociales
521	Services à caractère social pour handicapés et inadaptés
5210	Services communs
5211	Établissements
5212	Services (de maintien à domicile)
522	Actions en faveur de l'enfance et de l'adolescence
5220	Services communs
5221	Établissements
5222	Services
523	Actions en faveur des personnes en difficulté
5230	Services communs
5231	Établissements
5232	Services
5234	Logement social
5235	Aides aux personnes
5236	Aide sociale légale
5237	Actions d'insertion
524	Autres services
5240	Services communs
5241	Établissements
5242	Services
6	**Famille**
61	Services en faveur des personnes âgées
610	Services communs
611	Établissements
612	Services
63	Aides à la famille
64	Crèches et garderies

es collectivités de plus de 10 000 habitants, l'utilisation des fonctions les plus détaillées (en blanc dans le document) est obligatoire.
es collectivités entre 3 500 et 10 000 habitants, seule la fonction à 1 chiffre est obligatoire (excepté le 01 à deux chiffres).

Règles de gestion

Le terme « écriture » est employé au sens large, c'est-à-dire qu'il concerne aussi bien une inscription a budget qu'une réalisation (engagement, mandat, titre).

Distinction équipement / financier en investissement

Seules les écritures réelles sur les comptes de dépenses des chapitres 20, 204, 21, 22 et 23 so d'équipement.

Seules les écritures réelles sur les comptes de recettes des chapitres 13 (sauf 138) et 16 (sauf 165, 166 16449) sont d'équipement, ainsi que les écritures annulatives des dépenses d'équipement sur les compte 20, 204, 21, 22 et 23.

Toutes les autres écritures, et en particulier toutes les écritures d'ordre, sont financières.

Opération d'équipement

Une opération d'équipement ne doit jamais être associée à une écriture financière.

Une opération d'équipement peut être associée à une écriture d'équipement.

Seules les collectivités ayant opté pour le vote par opération peuvent transmettre les opératior d'équipement à leur trésorier.

Fonctions

Pour les collectivités de plus de 10 000 habitants, l'utilisation des fonctions les plus détaillées (en blanc dar le document) est obligatoire.

Pour les collectivités entre 3 500 et 10 000 habitants, seule la fonction à 1 chiffre est obligatoire (excepté 01 à deux chiffres).

Il faut associer la fonction 01 à toutes les écritures de type financier.

Il ne faut jamais associer la fonction 01 à une écriture d'équipement.

Transposition comptable 2010-2011

2010		2011	
74837	Dotations de développement	subdivisé en 748371 et en 748372	Dotation d'équipement des territoires ruraux Dotation de développement urbain
280414	Communes	subdivisé en 2804141 et en 2804148	Communes membres du GFP Autres communes
280415	Groupements de collectivité	subdivisé en 2804151 et en 2804158	GFP de rattachement Autres groupements
74836	Dotation de développement rural	**Supprimé** (voir 748371)	
748312	Compensation des pertes de bases d'imposition à la TP au titre des établissements France Télécom	**Supprimé**	